Warum es gut ist, Christ zu werden:
Was es bringt, und was es kostet

Franz Graf-Stuhlhofer

VTR

ISBN 978-3-941750-66-1

© 2013, VTR
Gogolstr. 33, 90475 Nürnberg, Deutschland
http://www.vtr-online.eu

Coverfoto: © madochab/photocase.com

Umschlaggestaltung: Katrin Kolb
Satz: VTR
Druck: Lightning Source

Inhalt

Das Wesentliche am Christsein

Was ist das Zentrum des christlichen Glaubens? Vielleicht die Nächstenliebe? Das meinen jene, die ein positives Bild vom christlichen Glauben haben. Tatsächlich gibt es viele kirchliche karitative Einrichtungen, die sich Mitmenschen in Not zuwenden. Andere Beobachter haben vor allem die *Ver*bote vor Augen: Ein Christ, so meinen sie, ist jemand, der vieles nicht darf (vor allem das, was Spaß macht …)

Die beiden genannten Aspekte haben zwar mit dem christlichen Glauben zu tun, treffen aber meiner Meinung nach nicht den Kern. Primär ist vielmehr, dass sich Gott dem Menschen zuwendet, und dadurch die Möglichkeit schafft, dass wir Gott kennenlernen. In diese Richtung gehen mehrere Versuche einer Kurzfassung des Wesens des christlichen Glaubens, z.B. „nicht *tue*!, sondern *getan*". Oder das bekannte Weihnachtslied „O du fröhliche": Darin heißt es: „Welt ging verloren, Christ ist geboren, freue, freue dich o Christenheit".

Es gibt auch ausführlichere Darstellungen des Themas: Schon im Jahr 1900 wollte Adolf von Harnack *Das Wesen des Christentums* beschreiben. C. S. Lewis versuchte, *mere Christianity* darzustellen – nämlich das Christentum, wie es von den verschiedenen Konfessionen gemeinsam vertreten wird, abseits der konfessionellen Unterschiede. Ähnlich war das Anliegen von N. T. Wright mit seinem Buch *Simply Christian* (2006). Diese beiden Bücher der beiden prominenten anglikanischen Autoren wurden auch ins Deutsche übersetzt.

Auch in dem hier vorliegenden Buch geht es nicht um konfessionelle Besonderheiten, etwa um meine spezielle Sicht als Baptist. Aber ganz ausklammern lässt sich die persönliche Sichtweise (zu der auch die Identifikation mit einer bestimmten Konfession gehört) natürlich nicht.

Seit langem beschäftigt mich das „Antwort-Geben", d.h. die Erläuterung der christlichen Sicht gegenüber vielen Fragen und Einwänden. Dazu ist es wichtig, sich mit der Sichtweise eines Außenstehenden gründlich zu befassen – das versuchte ich. Daraus entstand bei mir der Eindruck, dass manche Antworten, denen ich im christlichen Raum begegnet bin, noch sorgfältiger durchdacht werden sollten. Denn ein Teil der christlichen Lehren ist tatsächlich nicht leicht zu erklären, z.B. der stellvertretende Tod Jesu, oder die Frage, inwiefern die Sünde eines Menschen, der um ein anständiges Leben bemüht ist, als dramatisch einzuschätzen ist.

Der Leser muss kein Christ sein; hier können sich auch Nichtchristen über den christlichen Glauben und dessen Begründung orientieren.

Die einzelnen, insgesamt 19 Kapitel arbeitete ich ursprünglich als Predigten aus. Diese erschienen – in derselben Reihenfolge – in meinem Buch *Basis predigen – Grundlagen des christlichen Glaubens in Predigten, dazu eine didaktische Homiletik für Fortgeschrittene* (VTR, Nürnberg 2010). Für das hier vorliegende Buch kürzte ich die einzelnen Kapitel stark, insgesamt auf weniger als die Hälfte. Dem Leser sollte dadurch ein rasches Erfassen der Grundgedanken ermöglicht werden.

Erläuterung der Reihenfolge der Kapitel

Ich beginne hier mit dem, was Gott anbietet. Es geht also um Fragen wie: *Was besitzen die Christen, wie erleben sie Gottes Liebe, und was steht ihnen bevor?* Es soll also zuerst ein Vorgeschmack von dem entstehen, was jemand „davon hat", wenn er Christ wird.

Nach diesem ersten Block (Kapitel 1-6) kommt als zweiter, mittlerer Block eine Darlegung der zentralen Heilsbotschaft (Kapitel 7-12). Hier können Leser sehen, ob dieser Kern des christlichen Glaubens für sie nachvollziehbar ist, und ob sie ihn überzeugend finden.

Der dritte Block widmet sich der Gestaltung des Christenlebens (die restlichen Kapitel). Wenn ein Leser oder eine Leserin sich auf diesen christlichen Weg begeben möchte – wie kann das dann konkret aussehen? Es geht hier also um eine Einübung in das Leben als Christ; um eine Hinführung zu Gewohnheiten, die eine Umgestaltung des Lebens ermöglichen, und um die Vermittlung realistischer Erwartungen z.B. im Hinblick auf unser Beten.

Der Christ angesichts von Gottes Wirken

Betrachten wir die zum ersten Block gehörigen Kapitel im Überblick: Welche Folgen hat das Bewusstsein, *gerettet* zu sein? Dieses 1. Kapitel weist darauf hin, um was für ein wichtiges Anliegen es beim christlichen Glauben geht, nämlich: Das durch diesen Glauben vermittelte Erleben und Hoffen lässt den Christen jubeln, es prägt schon jetzt seine *Grundstimmung* – und wird ihn in eine frohe Zukunft führen!

Dieses Jubeln mag nun manche Menschen überraschen: Weil ihnen seitens der Kirche ein eher langweiliges Bild von „der Ewigkeit" vermittelt wurde. Eine Korrektur verzerrter Erwartungen im Hinblick auf jene Zukunft, der die Geretteten entgegengehen, strebt das 2. Kapitel an: *Die himmlische Erlebniswelt.*

Christen dürfen eine *frohe Zukunft* erwarten. Das ist ein starker Grund, sich schon jetzt auf diese Zukunft zu freuen. Aber was erleben sie in der *Gegenwart*? Der Grund ihrer Freude liegt nicht bloß in der Zukunft – sondern sie tragen den Grund der Freude gewissermaßen in sich: Eine Quelle, die nie versiegt. Davon handelt das 3. Kapitel: *Was macht einen Christen aus?*

Christliche Bücher sowie Predigten betonen *die Liebe Gottes*. Das führt mitunter (unbeabsichtigt) zu einer einseitigen Erwartung in Bezug auf Gottes Führen und Segnen. Eine solche einseitige Erwartung wird dann manchmal enttäuscht. Das vermeide ich, wenn ich ein realistisches Bild davon gewinne, wie mein Leben aussieht, wenn ich Jesu Liebe hereinlasse. Wir betrachten das Leben des Petrus – im Hinblick darauf, wie er die Liebe Jesu erlebte. Das könnten wir so überschreiben: *Hauptsache geliebt!* (4. Kapitel). Dieses Geliebtwerden schließt aber manche Härten nicht aus. Eine ähnliche Aussage hat das 5. Kapitel: *Ein wunderbares Leben*: Wir beobachten ein junges Paar in der ersten Zeit ihrer Ehe, nämlich Josef und Maria. Sie erlebten Wunder, aber gleichzeitig war ihr Leben auch anstrengend. D.h. Gottes Wunderwirken führt nicht dahin, dass alles glatt und leicht geht.

In Gottes Wunderwirken sind Christen mit einbezogen. Mit Gottes Hilfe erleben sie Macht: *Christen verbünden sich mit der Macht* (6. Kapitel), aber nicht mit der politischen Macht, etwa um die eigene Kirche zu stärken und Menschen unter Druck zu setzen. Gottes Macht möchte Menschen befreien aus ihren Bindungen und Süchten – zu einer dauerhaften Befreiung kommt es aber erst durch eine enge Bindung an Jesus.

1. Eine frohe Grundstimmung – in dieser Welt?
Eine Stimmung, die durch Freud und Leid durchträgt

In und um Finnland werden viele Fahrten auf dem Wasser zurückgelegt. Solche Fahrten auf einer Fähre verlaufen meistens ruhig. Meistens, aber nicht immer: 1994 sank die Fähre *Estonia* – es gab nur wenige Überlebende, mehr als 800 Passagiere ertranken, im Schlaf überrascht.

Wie mag es Reisenden zumute sein, wenn sie auf einem Schiff unterwegs sind, und es wird gefährlich? Lassen wir uns einen Moment gedanklich darauf ein! Denn, was es bedeutet, gerettet zu sein, empfindet wohl nur derjenige, der auch schon mit einer Lebensbedrohung konfrontiert war.

Also, wir sind auf einem Schiff unterwegs, spät am Abend … Es ist bereits dunkel. Das Wetter verschlechtert sich: Ein starker Wind kommt auf, er peitscht hohe Wellen gegen das Schiff, alles schwankt … und schließlich: Das Schiff geht unter! Und Du selbst – bist im Wasser. Der sichtbare Horizont hört bei der nächsten Welle auf, es ist kalt …

Dir ist schnell klar: Unter diesen Umständen wirst du nicht lange überleben. Es kann aber lange dauern, bis du von einem Schiff oder von einem Hubschrauber gefunden wirst. Wie groß ist demnach deine Überlebens-Wahrscheinlichkeit …?

Das Salzwasser kommt immer wieder in deinen Mund, dein Durst wird größer… Du bemühst dich im Kampf gegen die Wellen, du versuchst dich über Wasser zu halten, aber deine körperlichen Kräfte nehmen ab. Zwischendurch kommen dir unsinnige Gedanken: Ob sich die Fische schon freuen auf dich? Wie tief mag es unter dir sein – vielleicht gibt es erst mehrere hundert Meter unter dir wieder festen Boden …

Du bist allein, völlig allein! Du bist den Elementen der Natur ausgeliefert! Du hast Angst, dir ist übel. Panik überfällt dich …

Du wünschst dir, endlich aus diesem grauenhaften Albtraum aufzuwachen … Bist es tatsächlich du, der in dieser Situation ist? Das kann doch nicht sein!?!

Aber leider ist es kein Traum, es ist Wirklichkeit. Du wirst es im kalten Wasser nicht mehr lange aushalten; von deiner eigenen, noch vorhandenen Körperwärme gibst du immer mehr an das kühle Nass ab ... die Kälte erfasst deinen Körper, mehr und mehr ...

Da ...

Du siehst große Scheinwerfer ... Ein Suchboot kommt, es kommt auf dich zu – ja, sie haben dich entdeckt!!

Du bist gerettet!!

Wie fühlt sich so ein Geretteter? ... Erleichtert? Freudestrahlend?

Wie fühlte sich der gerettete Schiffbrüchige? Was sagte er, nachdem er ans Boot gezogen wurde? Vielleicht hat unser Schiffbrüchiger auch Probleme: Er ist verschuldet, in seiner Familie gibt es Streit, und seine Arbeit wächst ihm über den Kopf. Aber trotzdem: Angesichts dessen, dass er da soeben aus Todesgefahr errettet wurde, gibt es nur *eine* Grundstimmung: Erleichterung, Freude, Dankbarkeit ...

Einige Jahrzehnte danach

Auch wer eine solche Rettung erlebt, wird einige Jahrzehnte danach sterben. Wir alle gehen auf ein Ende zu. Gibt es auch dafür eine Rettung? Im Hinblick auf unser Lebens-Ende, auf den Verlust des Lebens und all dem, was uns hier wertvoll ist?

Jesus Christus redet von genau dieser Rettung. Wer sein Vertrauen auf ihn setzt, wird gerettet – das behauptet Jesus.

Wenn das stimmt – eine gewaltige Aussicht! Setzen wir hier einmal voraus, dass es stimmt, und wagen wir einen Blick in die fernere Zukunft: Von der Weltgeschichte her gesehen ist unser Leben kurz. Wenn ich zu Gott gefunden habe, werde ich mit ihm all die Zukunft verbringen, ein Jahrhundert nach dem anderen. Ich werde mich dann zurückerinnern: Ja, die ersten Jahrzehnte meines Lebens, nämlich die Zeit hier auf der Erde, waren wechselhaft, aber seither, die weiteren Jahre, Jahr*zehnte*, Jahr*hunderte* waren sehr schön, und ich erwarte eine aufregende Zukunft – mit Gott, und mit denen, die Gott lieb haben. Dann werden im Rückblick die Jahrzehnte hier auf der Erde, mit all ihren Problemen, vergleichsweise klein erscheinen – verglichen mit der alles überragenden Rettung.

Wenn Gott dich retten kann, aus dem Schuldverhängnis dieser Welt – das ist es wert, dass du daran denkst und deine Stimmung davon beeinflussen lässt. Neben den aktuellen Sorgen, die natürlich deine Stimmung drücken, gibt es immer die erfreuliche Zukunfts-Aussicht, die deine Stimmung hebt.

Daneben darf durchaus das stehen, was uns jetzt beschäftigt und manchmal bedrückt – aber dabei sollten die richtigen Relationen hergestellt werden.

Was bedeutet das im Hinblick auf Schmerzen, wenn ich also z.B. manchmal Zahnschmerzen habe? Das ist sicher sehr unangenehm; aber daneben darf ich daran denken, dass ich für alle Zeiten mit Gott leben werde. Beides steht nebeneinander ... Ich kann dem Bewusstsein, ewig zu leben, Raum geben in meiner Gefühlswelt. Somit werden meine Gefühle nicht voll eingenommen nur davon, dass ich Zahnschmerzen habe. Der Stellenwert dieser Schmerzen wird etwas geringer.

Das Ziel ist, dass wir einen umfassenden Blick haben. Dieser Blick soll – neben dem, was so Tag für Tag auf uns zukommt, Angenehmes und Beunruhigendes – auch ganz stark das eine mit einbeziehen:

Die wichtigste Frage ist bereits geklärt – für den, der auf Jesus vertraut!

Und dieser Blick soll auch noch das mit einbeziehen: *Für meine Zukunft ist vorgesorgt!*

Wenn wir an die Weltsituation denken, sind wir weiterhin oft traurig – wie es in einem Lied heißt: „Krieg und Terror sind noch nicht gebannt, und das Unrecht nimmt noch überhand." Aber daneben steht die Zukunftsperspektive des Christen: „der Tag, er steht schon vor der Tür. Herr, du kommst! Wir danken dir dafür."

Was werden dir die nächsten Monate bringen?

Wir haben unsere Träume und Hoffnungen ... Aber vielleicht geschieht daneben auch manches, was uns nicht gefällt: Ich versuche da kurz einige mögliche Szenen-Ausschnitte zu präsentieren:

Vielleicht hast du ein Gespräch mit deinem Arzt, der nachdenklich sagt: „Die Befunde sind nicht ganz eindeutig, wir müssen das noch durch weitere Untersuchungen abklären, dann wissen wir ob eine Operation nötig ist ..."

Wenn die Angst in dein Leben tritt, dann gilt dennoch: *Die Rettung liegt bereit!*

10

Vielleicht gibt es in deiner Familie eine Beziehung, die immer schwieriger wird – zu einem Kind, zum Partner, zu den Eltern ...

Auch wenn es mit Menschen oft schwierig ist, so gilt dennoch: Wer die Nähe zu Jesus sucht, kann immer in dieser Nähe bleiben!

Oder: Im Beruf wird vieles unsicher, die Firma ist nicht mehr so erfolgreich, auch deine Leistung wird hinterfragt ... wie wird das nun weitergehen?

Was auch alles schief geht, für das allergrößte Problem liegt die Lösung bereit: *Für Deine Zukunft ist vorgesorgt, und zwar ganz langfristig! Nämlich für die Zukunft, die von einem Zeitalter zum nächsten geht!*

Die Grundstimmung eines Christen ist also geprägt von dem Bewusstsein, gerettet zu sein.

Eine Rettung in zwei Stufen

Was beinhaltet diese Rettung? Diese Frage lässt sich anhand des Vergleichs mit dem geretteten Schiffbrüchigen beantworten: Er befindet sich noch immer am Meer, die Wellen schwanken noch immer, der Schreck von vorhin wirkt noch nach, ein bisschen Angst bleibt auch noch, seine Kleidung ist nass, ihm ist noch kalt – aber grundsätzlich ist er schon in Sicherheit, er braucht sich auch nicht mehr anstrengen, um sich über Wasser zu halten. Er wird in eine Decke eingehüllt, dadurch wird ihm schon ein bisschen wärmer.

Die wirkliche, voll erlebte Rettung ist das noch nicht, aber immerhin der entscheidende erste Schritt. Wenn der Schiffbrüchige dann an Land kommt, dann ist er „endgültig gerettet"; er merkt dann nichts mehr von Wellen, er hat festen Boden unter den Füßen, nun fühlt er sich auch sicher, er kann seine nasse Kleidung ablegen und bekommt trockene Kleidung, er kommt in einen warmen Raum – jetzt kann er sich wirklich erholen.

Es war eine Rettung in zwei Stufen: Die erste Stufe war, ins Rettungsboot gehoben zu werden. Da war er aber noch auf dem Wasser. Die zweite Stufe war mit dem festen Land erreicht.

So ist es auch bei jener Rettung, die den Christen betrifft. Auch da gibt es zwei Stufen:

Die erste Stufe ist: Er ist gerettet – aber noch inmitten einer verlorenen Welt; der Gerettete erhält „neues Leben" – aber gleichzeitig bemerkt er um sich herum sehr viel Altes! (Und nicht nur *um* sich herum, sondern auch *in* sich.)

Die zweite Stufe: Das ist die volle, umfassende Errettung, diese steht noch bevor.

Für beide Stufen gilt aber, dass der Christ schon mit Gott lebt. Auch schon für die erste Stufe gilt das.

Was muss ich tun, um gerettet zu werden?

Anders gefragt: Wer gehört zu den Geretteten? Bleiben wir noch bei unserem Vergleich: Was musste der *Schiffbrüchige* tun, um gerettet zu werden? Musste er besondere Leistungen erbringen? Er hat sich immerhin bemüht, indem er geschwommen ist und nicht gleich resigniert hat; und er hat den Schwimmreifen ergriffen – das war dann der entscheidende Griff. Wichtig dabei war vor allem, dass du erkennst, dass du verloren bist, sonst ergreifst du den Schwimmreifen nicht.

So ähnlich ist es auch bei der geistlichen Errettung. Es fängt damit an, dass ich erkenne, dass ich verloren bin; dass ich merke: Auch ich bin ein Teil dieser Menschheit, die ihre eigenen Wege geht, die sich einredet, über sich selbst bestimmen zu können. Auch ich bin ein Teil des Chaos, auch ich habe Anteil an Verletzungen, Streitigkeiten, Ungerechtigkeiten … Auch ich bin verirrt und verwirrt in der Dunkelheit – das ist unser Schicksal, wenn wir ohne Gott leben.

Die Rettungsbotschaft Jesu geht an Verlorene – an solche, die erkennen, dass sie verloren sind – nur dort „zündet" die Botschaft. Sonst kann es sein, dass ein Mensch davon hört, und denkt sich nur: „Na und?"

Wo die Botschaft zündet – was passiert dort? Der Verlorene wendet sich Christus zu, und er setzt sein Vertrauen auf ihn. So wie der Ertrinkende das Rettungs-Seil ergreift, so „ergreift" der Verlorene diesen Jesus und sucht eine enge Bindung an ihn.

Nun habe ich vorausgesetzt, dass Jesu Angebot zu retten tatsächlich funktioniert. Ob das so ist – da hat der Skeptiker mehrere Fragen, und wir werden einige davon in folgenden Kapiteln noch ansprechen. Aber eines sollte schon deutlich geworden sein: Falls diese Botschaft von der Rettung durch Jesus stimmt, so hat sie enorme Bedeutung. Es lohnt sich daher, sich damit zu beschäftigen!

2. Die himmlische Erlebniswelt
In Gottes zukünftiger neuer Welt wird es spannend sein

Was kommt „danach“? Für eine Viertelmillion Menschen täglich wird diese Frage aktuell – denn so viele sterben pro Tag weltweit. Das beachten wir kaum, obwohl diese Zahl viel höher ist, als die Zahl der in besonderen Katastrophen Verunglückten, worüber die Medien intensiv berichten. Was geschieht mit diesen Menschen, wohin kommen sie? Das ist also ein Thema, das täglich viele Menschen betrifft – und eines Tages auch dich und mich betreffen wird.

Wo werden wir nach dem Tod sein?

Viele Christen erwarten, dass sie dann *im Himmel* sein werden. Ist das eine froh machende Erwartung? Manche Menschen haben negative Gefühle, wenn sie an den Himmel denken. So erzählte Lloyd George, der britische Premierminister während des 1. Weltkrieges, als er auf seine Jugendzeit zurückblickte, folgendes:

„Als Junge versetzte mich der Gedanke an den Himmel mehr in Schrecken als der Gedanke an die Hölle. Ich stellte mir den Himmel als Ort vor, an dem ständig Sonntag ist, mit unaufhörlichen Gottesdiensten, aus denen es kein Entrinnen gibt.“

Diese Vorstellung war für George geradezu ein Albtraum, der ihn für die nächsten Jahre zum Atheisten machte.

Auch für viele andere Menschen ist der Gedanke an den Himmel mit Langeweile verbunden, wie in Karikaturen sichtbar. Dort findet man folgende Darstellung: Nach ihrem Tod kommen Menschen in den Himmel. Das wird bildlich so dargestellt, dass sie dann auf einer Wolke stehen, sie sehen aus wie Engel (erkennbar an den weißen Nachthemden und Flügeln), und sie halten eine Harfe in der Hand.

Ein attraktives Bild? Hier wird die Vorstellung vermittelt, dass diese Engel, d.h. die Geretteten also, ständig nur oder hauptsächlich Harfe spielen. Und das wird irgendwann einmal langweilig, selbst für einen begeisterten Musiker.

Diese Vorstellung hat auch Ludwig Thoma beschrieben: Seine Kurzgeschichte *Ein Münchner im Himmel* ist bekannt. Dieser

Münchener möchte viel lieber bei einem Glas Bier im Gasthaus sitzen, als im Himmel ständig Harfe spielen.

Der Gedanke an den Himmel ist bei Begräbnissen stark präsent. Dabei hört man oft einen Priester folgendermaßen beten:

„Herr, gib allen Verstorbenen die ewige Ruhe. Und das ewige Licht leuchte ihnen. Lass sie ruhen in Frieden. – Amen."

Das klingt nicht sehr spannend.

Der griechische Philosoph Platon meinte, dass der Mensch ursprünglich ein geistiges Wesen war, das nur vorübergehend in einen Körper eingeschlossen wurde. Platons Ansichten wurden in der Theologie des Mittelalters einflussreich. Ein mönchisches Leben, weg von Aktivität und Körperlichkeit, wurde zum Ideal.

Die mittelalterliche Theologie sprach davon, dass der Mensch „Gott schauen" dürfe – als höchster Genuss. Hierher gehört dann auch die Vorstellung, dass wir Gott den ganzen Tag über anbeten werden – etwa mit Hilfe von Musik, mit einer Harfe.

Der biblische Schöpfungsbericht

Dagegen findet sich im sogenannten Alten Testament eine andere Haltung. Die Erschaffung des Menschen wird darin folgendermaßen beschrieben: Gott machte ihn aus „Erde vom Acker", und er setzte ihn auf die Erde. Also meinte Gott offenbar, dass er dort hin passt. Gott wollte den Menschen also nicht als unkörperliches Geistwesen.

Dann gab Gott dem ersten Menschen Aufträge, die ihn körperlich und geistig forderten: Adam sollte den Garten bebauen, und er sollte den Tieren Namen geben, indem er ein Tier nach dem anderen betrachtet. Adam lernte somit nach und nach die Tiere kennen – ein solches Dazulernen kann es auch in der kommenden Welt Gottes geben.

Jesus sprach im Blick auf die Zukunft vom „Reich Gottes"

Was sagte Jesus über die zukünftige Welt? Er forderte dazu auf, einen Schatz im Himmel zu sammeln. Aber dass wir selbst im Himmel *wohnen* werden, sagt Jesus eigentlich nicht. In seinen Ansprachen geht es nicht darum, ob wer in den *Himmel* kommen wird, sondern darum, ob wer in das *Reich Gottes* kommen wird.

Dieser Begriff sagt den meisten Menschen wenig – das ist ein Nachteil, aber auch ein Vorteil. Denn zumindest ist dieser Begriff nicht so stark mit bestimmten Vorstellungen besetzt wie der Begriff „Himmel".

Jesus sagte: „Wer von neuem geboren wird, der kommt ins Reich Gottes". So berichtet im Johannes-Evangelium (Kapitel 3, Verse 3 und 5). Übrigens, „Evangelium" ist sowohl Bezeichnung für die sog. zentrale Heilsbotschaft, als auch für die ersten vier Bücher des Neuen Testamentes (z.B. „Evangelium nach Johannes").

Einmal wurde Jesus gefragt: „Herr, sind es nur wenige, die gerettet werden?" Den Bericht über dieses Gespräch finden wir im Lukas-Evangelium (Kapitel 13, Verse 23-29 – eine solche Stellen-Angabe wird oft folgendermaßen abgekürzt: Lukas 13,23-29). Es geht hier also um das Gerettetwerden. Jesus spricht in seiner Antwort von einer engen Tür, die einmal verschlossen wird, und sagt schließlich, dass die Propheten im Reich Gottes sein werden – und Jesus warnt davor, zu den Ausgeschlossenen zu gehören.

Das Reich Gottes – das ist also der „Wohnort" der Geretteten.

Statt *Reich* oder *Königreich Gottes* könnte man auch übersetzen mit *Herrschaft Gottes*, oder mit *Regieren Gottes*. Diese Herrschaft erleben wir derzeit auf der Erde nur ansatzweise, erst die Zukunft wird die volle Herrschaft Gottes bringen.

Wo wird dieses „Reich Gottes", diese „Herrschaft Gottes" sein? Diese Frage wird in den Aussprüchen von Jesus nicht beantwortet. Daraus schließe ich, dass auf dem Ort auch nicht der Schwerpunkt liegt – ob es im Himmel sein wird, oder auf der Erde, oder sonst wo. Der Schwerpunkt liegt darauf, dass es „Reich Gottes" sein wird; dass also Gott dort regieren wird – das ist das Entscheidende.

Gottes kommende neue Welt, die neue Erde, wird in der *Offenbarung des Johannes* ab Kapitel 21 beschrieben. Dort lesen wir, wie das „neue Jerusalem" aus dem Himmel auf die neue Erde herabkommt. Da kommen sich Himmel und Erde sehr nahe. Eine strenge Unterscheidung – hier Erde, dort Himmel – ist dann vielleicht gar nicht mehr möglich. Der zukünftige Wohnort der Geretteten ist etwas „Himmlisches" – daher spreche ich von „Himmlischer Erlebniswelt". Das Wort „himmlisch" soll dabei darauf hinweisen, dass diese neue Welt vom Himmel ausgeht, eben von Gott selbst. Der Wohnort der Geretteten ist demnach die „neue Erde" – sie hat wohl Ähnlichkeiten mit der alten Erde, sonst würde man sie nicht „Erde" nennen. In der Mitte des neuen Jerusalems finden wir einen Fluss und einen Baum – vielleicht Hinweise auf einen Garten, der uns an das Paradies erinnert. Die Menschen haben *Heimweh nach Eden.* Wir haben eine Sehnsucht danach, wieder in das ursprüngliche Paradies zu gelangen.

Was haben wir in dieser „Himmlischen Erlebniswelt" zu erwarten? Was werden wir dort *erleben*? Zur Vorstellung vom „Reich Gottes" gehörte zur Zeit Jesu das „zu Tisch sitzen" (Lukas 13,29), also das Essen und Trinken. Gutes Essen und Trinken ist für uns in Europa schon etwas Selbstverständliches, aber für die meisten Zeitgenossen Jesu war das etwas Besonderes.

Was wir kennen, empfinden wir naheliegenderweise als das eigentliche Leben: Die Jahrzehnte, die wir hier auf der Erde verbringen, bis zu unserem Tod. Aber danach erwartet uns ein Leben, bei dem wir von Gott in noch größere Dimensionen hineingeführt werden. Unser Lebens-Ende wird dann zu einem neuen Anfang …

Man könnte das vergleichen mit einer Fußball-Weltmeisterschaft: Vor der WM gibt es die Qualifikation. Nur die besten 32 Mannschaften bleiben übrig, diese nehmen dann an der WM teil. Unser jetziges Leben ist wie die Qualifikation: Das bedeutet, dieses Leben und unsere Entscheidungen darin sind hochwichtig. Denn hier entscheidet sich, ob wir an der WM teilnehmen. Aber die eigentliche WM, auf die sich die Aufmerksamkeit richtet, wo es dann so richtig spannend wird, bei der es dann „um alles" geht, diese WM kommt erst. Es wäre falsch, wenn wer denkt: Wenn dieses Leben vorbei ist, dann ist das Eigentliche, das Spannende vorbei. Denn nach Abschluss der WM-Qualifikation denkt auch niemand: Nun ist das eigentlich Spannende schon vorbei.

Es liegt eine spannende Zeit vor denen, die sich qualifiziert haben. Die „himmlische Erlebniswelt" wartet auf sie, die „kommende Welt Gottes". Eine Welt der Freude, des gemeinsamen Essens und Trinkens, des Dazulernens … Eine Welt der Überraschungen. Gott hat sich diese Welt hier ausgedacht, die wir jetzt erleben. Und mit diesem Gott wird auch die kommende „himmlische Erlebniswelt" spannend. Wir können im Hinblick auf das „ewige Leben" daher besser sagen: „ewige Lebendigkeit".

Die Vorstellung, die der Gedanke an unsere „langfristige Zukunft" bei uns auslöst, beeinflusst auch unser jetziges Leben: Ob wir nämlich denken, dass unsere zukünftige Existenz langweilig sein wird, oder spannend.

3. Was ist das Besondere an einem Christen?
Vom Ausgefülltsein durch die Verbindung zu einer stets verfügbaren Quelle

Was versteht man unter einem *Christen*? Woran erkennt man ihn?

Die Frage nach den *Kennzeichen eines Christen* wird oft von den *Ver*boten her beantwortet: Ein Christ ist jemand, der manches nicht tun darf. Andere erwähnen die *Ge*bote, z.B. die Nächstenliebe.

Beide Sichtweisen sind nicht völlig falsch, aber sie treffen nicht den Kern. Es wäre ungefähr so, wie wenn wer sagt: „Der Unterschied zwischen Christen und Juden ist, dass Christen den Sonntag als heiligen Wochentag feiern, während das bei den Juden der Samstag ist." Es stimmt zwar, ist aber nicht das Wesentliche.

Das Wort *Christ* kommt von *Christus*. Ich definiere den Zusammenhang folgendermaßen: Ein Christ ist, wer auf Jesus, den Christus, *hört* – und Ihm *gehört*.

Auf Jesus *hören* – d.h. das, was er anbietet, ernst nehmen. Davon sprach Jesus z.B. in einem Gespräch mit einer Frau an einem Brunnen in Samaria:

> *„Jeder, der dieses Wasser trinkt, wird bald wieder durstig sein. Wer aber von dem Wasser trinkt, das ich ihm gebe, der wird nie wieder Durst bekommen. Dieses Wasser wird in ihm zu einer Quelle, die bis ins ewige Leben hinein fließt." (Johannes 4,13f)*

Jesus knüpft an das sichtbare Wasser an, und will seine Gesprächspartnerin zu dem hinführen, was er zu bieten hat. Es geht hier um zwei verschiedene „Wässer" – erstens um das Wasser, das immer wieder geschöpft werden muss, mitunter auf einem weiten, mühsamen Weg. Und dann gibt es das Wasser, das Jesus gibt – das wird zu einer Quelle, die dann ständig „griffbereit" ist.

Wo liegt der Unterschied zwischen diesen beiden Wassern?

Das erste Wasser brauchen alle Menschen, auch Christen. Das Versprechen von Jesus: „der wird nie wieder Durst bekommen", bezieht sich nicht auf den Bedarf unseres Körpers nach Wasser, dieser Bedarf bleibt bestehen.

Was bedeutet das ganz praktisch? Wenn ein Christ Schmerzen hat, dann ist das für ihn genauso unangenehm wie für andere Menschen, und er will davon frei werden. Das Besondere beim Christen ist folgendes: Noch bevor er gesund wird und seine Schmerzen verliert, kann er die Nähe Gottes suchen und in gewisser Weise sogar spüren. Er spürt die Schmerzen, aber er spürt auch die Nähe Gottes.

Ein Christ sagt nicht: „Hauptsache Gesundheit!" Sein Spruch lautet: „Hauptsache die Nähe Gottes!"

Was wollen Menschen außerdem noch – neben der Gesundheit? Wir wollen genug zu essen und zu trinken – und nicht nur *genug*, es soll auch *gut* sein. – Wir wollen einen Partner, mit dem wir in einer spannenden und entspannenden Beziehung leben. – Wir wollen einen Beruf, in dem wir unsere Fähigkeiten einsetzen können, ja und wenn wir dabei auch gut verdienen, haben wir auch nichts dagegen. – Wir wollen Sicherheit für die Zukunft, eine gute Pension. – Wir wollen mit Freunden zusammen sein, auch einmal feiern; denn wenn unsere Grundbedürfnisse erfüllt sind, kann es eintönig und langweilig werden. Also wollen wir auch eine Unterbrechung im Alltagseinerlei, auch einmal etwas Aufregendes erleben. Dazu können Hobbys dienen, die Spaß machen. Manche entdecken die berauschende Wirkung z.B. von Alkohol, und werden süchtig. In ihrer Partnerschaft haben sie sich an vieles schon gewöhnt (es wird „gewöhnlich"), und sie suchen nach Seitenwegen (es kommt zu Seiten*sprüngen*).

Die Frage, die sich bei all dem stellt, ist: *Wo suche ich meine Befriedigung?* Suche ich sie vor allem an einer Stelle, von der ich immer wieder „trinken" muss, von der ich nie genug bekomme, die immer wieder eine Leere hinterlässt? Oder suche ich vor allem eine Quelle, die ständig fließt?

Es geht um meinen Schwerpunkt. Die Quelle, die Jesus gibt, ersetzt nicht das andere. Auch wenn ich diese Quelle habe – nämlich *die Erfüllung durch die Nähe Gottes* –, brauche ich doch das andere auch: Ich muss weiterhin essen und trinken, ich will weiterhin einen Job, einen Partner, ich will gesund sein, ich will wo dazugehören …

*Aber **zum Sterben** braucht es mehr, als die Welt bieten kann. Zum Sterben genügt nicht Essen und Trinken, Gesundheit, Partnerschaft, ein gut bezahlter Job ... Zum Sterben brauche ich mehr. Zum Sterben brauche ich „diese Quelle, die bis ins ewige Leben hinein fließt"!*

Eine wesentliche Eigenheit des Christen ist auch sein Zugang zum Leben: Der Christ denkt auch an das *Danach*, an das, was nachher geschieht. Mit dem „Danach" meine ich hier nicht erst die Zeit nach dem Tod. Auch für das *hier und jetzt* gilt: Der Christ denkt längerfristig. Sein Entscheiden erfolgt nicht so, dass er sagt: „Hier habe ich Lust, das reizt mich jetzt", sondern er bedenkt auch die Frage mit: „Was ist danach? Wie geht es mir danach?" Es geht nicht primär um *Verzicht*. Es geht um langfristiges Denken. Die Frage „was habe ich davon?" ist durchaus berechtigt. D.h. auch ein egoistischer Mensch sollte Christ werden! *Wenn du dir was Gutes tun willst, dann werde Christ!* Nämlich, wenn du dir etwas dauerhaft Gutes tun willst, nicht nur einen kurzen Genuss.

Was willst du: Ausgefüllt sein – oder ein kurzes Abenteuer?

Was willst du: Eine tiefe, andauernde Befriedigung erleben – oder einen kurzen Genuss mit schalem Nachgeschmack?

Was du da trinkst – ist das eine Flüssigkeit, bei der du bald wieder durstig bist?

Wo suchst du deine Befriedigung, wo suchst du deine Erfüllung?

Wo ich meine Erfüllung suche: Das wird besonders deutlich an den Grenzpunkten des Lebens. Ein Christ kann sich erfreuen an vielem, was das Leben bringt: Er freut sich über Partnerschaft, über Erfolg, er kann vergnügt sein bei einer Party ... Aber, wenn das nicht da ist: Auch dann kann er froh sein!

Dass Gott mir nahe ist, kann mich durchtragen. Die Mangel-Situationen des Lebens sind eine besondere Chance – hier kann sich erweisen, wo ich meine Befriedigung suche, und ob mich das durchträgt:

Bei Trauer wegen des Todes eines Angehörigen, in einer Orientierungs-Krise, bei Krankheit, wenn ich partnerlos bin ...

Eine solche Mangel-Situation kann ich als besondere Chance nehmen: Wenn ich keinen Partner habe, wenn ich krank bin oder behindert, bei Trauer um einen verstorbenen Angehörigen, in beruflichen Schwierigkeiten: wenn ich arbeitslos bin – und überhaupt, wenn meine Berufsträume unerfüllt bleiben. ...

Oder wenn du im Gefängnis bist: Christen im kommunistischen Ostblock haben das erlebt, viele wurden eingesperrt – aber sie erlebten gleichzeitig die Nähe Gottes.

Willst du eine Befriedigung, die anhält? Eine Befriedigung, die nicht bald wieder eine Leere hinterlässt?

Befriedigung für Menschen, die Durst haben nach Leben. Nach wirklichem Leben. Das finden wir bei Jesus – schon jetzt. Und *danach*, von Äon zu Äon, von Epoche zu Epoche.

4. Hauptsache geliebt!
Wie ein Christ die Liebe Jesu erlebte

In Alltagsgesprächen heißt es manchmal: „Hauptsache gesund!", oder: „Gesundheit ist das Wichtigste". Ein Christ könnte darauf antworten: „Ja, Gesundheit ist sehr wichtig, aber noch wichtiger ist etwas anderes: Hauptsache geliebt!"

Liebe: Das besondere Kennzeichen der christlichen Religion. Es gibt ja viele Religionen, aber dass Gott uns liebt, und dass sich Gott über unsere Liebe freut – das ist etwas spezifisch Christliches. Erwähnt wird das schon im Alten Testament, aber im Neuen Testament wird der Gedanke der Liebe ins Zentrum gerückt.

Noch vor einem Jahrhundert dominierte ein strenges Gottesbild. In den letzten Jahrzehnten wurde dagegen oft betont, dass Gott den Menschen liebt. Doch wie sieht diese Liebe Gottes konkret aus?

Gemäß der Einschätzung der Christen kommt Gott den Menschen in Jesus von Nazareth entgegen. Wer das so sieht – dass nämlich in Jesus die Liebe Gottes für uns erfahrbar wird –, kann nun weiter fragen: Wenn Jesus die Menschen liebt, wie sieht das konkret aus? Wie ging der historische Jesus mit Menschen um?

Das können wir anhand einer konkreten Beziehung betrachten, der Beziehung zwischen Jesus und Simon (der später vor allem *Petrus* genannt wurde). Wir beobachten mehrere Begegnungen zwischen Jesus und Petrus, wie sie im Johannes-Evangelium geschildert werden.

Es war sein Bruder Andreas, der Simon mit Jesus bekannt machte. Jesus sah Simon und sprach zu ihm: „Du sollst *Kephas* heißen" (Johannes 1,41f) – das war die aramäische Bezeichnung für Fels (im Lateinischen: *Petrus*). Jesus kündigte also dem Simon an, dass er einmal ein Fels, gewissermaßen ein „Fels in der Brandung" sein werde. Jesus sagte quasi zu ihm: „Simon, ich sehe etwas, was Gott aus dir machen möchte". Hier habe ich bereits eine kleine Deutung beigemischt. Denn, Simon war ja nicht von vornherein ein Fels, er war mitunter voreilig, und schwankend. Der Fels, das war etwas, was Gott erst machen musste aus ihm.

Zurück zu unserer Ausgangsfrage: Drückte sich in dieser Anrede Jesu seine *Liebe* aus? Vielleicht war es für Simon wichtig, das zu hören – insbesondere im Hinblick auf zukünftige Momente, bei denen er sich seines Schwankens bewusst wurde. Da hatte er dieses Ziel vor Augen, gewissermaßen eine Verheißung.

In einer Stadt am See von Galiläa, in Kapernaum, kam es zu einer Krise in der Anhängerschaft Jesu – viele wandten sich ab:

Da fragte Jesus die zwölf: „Wollt ihr etwa auch weggehen?" Simon Petrus antwortete: „Herr, wohin sollen wir gehen? Du hast Worte des ewigen Lebens; und wir haben geglaubt und erkannt: Du bist der Heilige Gottes." (Johannes 6,67-69)

Bei diesem Ereignis steht sogar ein bestimmter Ort dabei – das kommt in den Berichten in den Evangelien nur einige Male vor. Das ist wohl ein Hinweis darauf, dass sich das Ereignis den Beteiligten stark eingeprägt hat, so dass sie später, bei der Niederschrift der Evangelien, noch den örtlichen Rahmen wussten.

Petrus – der ursprünglich Simon hieß – war dann später in der jungen christlichen Gemeinde tatsächlich ein Fels – das zeigen Berichte in der Apostelgeschichte. In der hier von Petrus ausgedrückten Haltung zu Jesus lag wohl ein Grund dafür, dass Petrus eine solche Stabilität entwickeln konnte.

Petrus war zu totalem Einsatz für Jesus bereit. Das sagte er – und meinte es wohl auch so, in folgendem denkwürdigen Dialog:

Simon zu Jesus: „Herr, wohin gehst du?" Jesus antwortete: „Wo ich hingehe, kannst du mir jetzt nicht folgen; aber du wirst mir später folgen." Darauf Petrus: „Herr, warum nicht? Ich will mein Leben für dich lassen." Jesus antwortete: „Du willst dein Leben für mich lassen? Bis der Hahn kräht, hast du mich dreimal verleugnet." (Johannes 13,36-38)

Simon, tatsächlich ein Fels? Ja, doch! Wenn Gott etwas macht aus einem Menschen, dann heißt das nicht, dass er nie mehr versagen wird. Die Befähigung durch Gott schließt menschliche Schwächen nicht aus.

Wie zeigte sich hier die Liebe Jesu? Indem Jesus dem Simon direkt die Wahrheit sagt. Wie sagte Jesus es? So direkt und knallhart, wie wir das hier lesen, oder ergänzte Jesus hier manches, verpackte er es weich? Das wäre möglich, denn manche Berichte in den Evangelien sind kurz gefasst.

Jedenfalls, was Petrus betraf: Er liebte Jesus – und setzte sich für ihn ein. Petrus verteidigte ihn, als Judas mit einer Schar von Soldaten kam:

Simon zog sein Schwert und hieb Malchus, dem Knecht des Hohenpriesters, dessen rechtes Ohr ab. Da sprach Jesus zu Petrus: „Steck dein Schwert in die Scheide! Soll ich den Kelch nicht trinken, den mir mein Vater gibt?" (Johannes 18,10f)

Jesus korrigierte Simon. Zur Liebe gehört auch Korrektur und Ermahnung!

Wie es wohl Simon mit dieser Zurechtweisung durch Jesus ging?

Bei der Gefangennahme von Jesus war Simon bereit zu kämpfen – da setzte er sich für Jesus ein. Aber dann versagte er, auf einem „Nebenschauplatz": Im small-talk, bei der Unterhaltung am Feuer. Eine Frau, die dort stand, wollte sich vielleicht einfach die Zeit vertreiben mit einem kleinen Gespräch – und dabei kam es dazu, dass sich Simon von Jesus distanzierte.

Vielleicht war er so erschüttert durch das davor Erlebte …?

Nach der Auferstehung Jesu kam es zu einer Begegnung zwischen Jesus und Simon. Vermutlich spielte Jesus dabei auf die dreimalige Verleugnung an:

Jesus sagt zu Simon: „Simon, Sohn des Johannes, liebst du mich mehr als diese?" Petrus antwortet: „Ja, Herr, du weißt, dass ich dich lieb habe." …

Darauf Jesus: „Weide meine Schafe! – Als du jung warst, hast du dir den Gürtel selbst umgebunden und gingst dahin, wohin du wolltest, wenn du aber alt geworden bist, wirst du deine Hände ausstrecken, und ein anderer wird dir den Gürtel umbinden und dich dahin führen, wohin du nicht willst."

Danach spricht Jesus: „Folge mir nach!" (Johannes 21,15-19)

Jesus fragt: „Liebst du mich?"

Wenn Jesus mich liebt, dann gehört auch die umgekehrte Frage dazu. Jesus fragt mich: „Liebst du mich?"

Blicken wir nochmals auf die beschriebenen Begegnungen zwischen Jesus und Simon zurück. Wie sah Jesu Liebe aus?

Jesu Verhalten kommt mir nicht sehr sentimental vor, eher nüchtern. Warum ich das betone: Manchmal verbindet sich mit der Liebe Jesu (und überhaupt mit der Liebe Gottes) folgende Vorstellung: „Jesus liebt uns, er hat für alles Verständnis, ganz egal was wir tun, und Jesus bleibt immer sanft und einfühlsam, und weil er mich so liebt, kümmert er sich total um mich, damit es mir immer gut geht ..."

Und dann bist du aufgewacht! Dann kommt die Konfrontation mit der Realität, diese ist oft gar nicht „sanft und einfühlsam". Und dann fragst du dich: „Wie kann Jesus das zulassen, wenn er mich doch so sehr liebt?"

Aber, auch wenn die Art, wie Jesus redet, nicht so besonders gefühlvoll wirkt – jedenfalls sehen wir Folgendes: Der einzelne Mensch ist Jesus wichtig. Jesus wendet sich ihm aufmerksam zu. Was er dann zu diesem Individuum sagt, ist teilweise aufbauend („du wirst Fels heißen"), aber teilweise korrigierend („steck dein Schwert ein").

„Hauptsache geliebt" – ja, das ist die Hauptsache. Wenn du die Liebe Gottes annimmst, ist die wichtigste Lebensfrage für dich gelöst.

Hauptsache geliebt – die Liebe Gottes sieht aber manchmal anders aus, als wir sie uns vorstellen.

Hauptsache geliebt. Wenn das so ist, und wenn du das erlebst, dann kannst du gelassen in die Zukunft gehen.

5. Ein wunderbares Leben
Ein Leben mit Gottes Wundern kann anstrengend sein

Ein junges Ehepaar, im ersten Jahr des Zusammenlebens, Flitterwochen in Ägypten mit eingeschlossen. Das ist doch eine schöne Vorstellung?

Die beiden Menschen hießen *Josef und Maria.* Wie war der Beginn ihres Zusammenlebens? Wenn sie damals jemand fragte: „Wie geht es euch?", dann antworteten sie vielleicht: „Das Leben ist ziemlich anstrengend". Oder sie antworteten: „Unser Leben ist wunderbar!"

Beides traf zu. Wie ist das möglich? Es war ein „wunderbares Leben" – aber darunter versteht vielleicht jeder was anderes. Etwa ein Leben, in dem alles nach Wunsch geht? Wo wir auf allen Wolken schweben? Nun, *das* hatten Josef und Maria nicht. Sie hatten ein *wunderbares Leben*, d.h. ein Leben voller Wunder. Aber es war kein leichtes Leben.

Wir gehen noch ein Stück zurück im Miteinander dieser Beiden. Das Matthäus-Evangelium berichtet in Kapitel 2 davon. Die beiden waren verlobt, dann wurde Maria schwanger, ohne dass ein Mann damit zu tun hatte. Josef erfuhr von dieser Schwangerschaft. Dass diese vom Geist Gottes kam, erfuhr er erst durch einen Traum – dann gab er seine Bedenken auf und nahm Maria als seine Frau zu sich. Zur Geburt kam es dann in Betlehem, das Kind wurde *Jesus* genannt. Zu dieser Zeit regierte noch König Herodes mit dem Beinamen „der Große". Er starb im Jahr 4 „v. Chr." Das ist also der späteste Zeitpunkt für die Geburt Jesu. Die Vermutungen über das Geburtsjahr Jesu reichen also von etwa 7 bis 4 „v. Chr.".

Dann lesen wir über „Gelehrte aus dem Osten", vielleicht aus Babylon; volkstümlich oft „Heilige 3 Könige" genannt. Diese Zahl begegnet uns erst seit dem 5. Jh., weitere Jahrhunderte später werden dann auch Namen genannt. Diese Angaben haben wohl keine historischen Anhaltspunkte. Vielleicht gehörten sie zu der jüdischen Kolonie, die nach der sogenannten „Babylonischen Gefangenschaft" dort zurückgeblieben war. Wenn sie Juden waren, dann wäre ihr Interesse für einen „vor kurzem geborenen König der Juden" verständlich. Ihr Anhaltspunkt war eine Stern-Erscheinung, die sie astrologisch deuteten. Gott kann, wie es scheint, auch ungewöhnliche Methoden verwenden, damit Menschen zu Jesus finden.

Sie kamen zu Herodes, der sofort eifersüchtig wurde, und der von den Schriftgelehrten erfuhr, dass die Geburt eines solchen Königs oder Hirten für Betlehem zu erwarten ist. Dorthin schickte er die aus dem Osten angereisten Gelehrten. Diese machten sich auf und bewältigten die kurze Strecke (etwa 8 km) von Jerusalem nach Betlehem. Sie fanden Maria mit dem Kind, übergaben Geschenke und reisten nach Hause – ohne Herodes etwas von ihrer Begegnung mitzuteilen, da sie einen warnenden Traum hatten.

Und auch Josef träumte: Ein Engel Gottes befahl ihm, „mit dem Kind und seiner Mutter" nach Ägypten zu fliehen. Das tat Josef sofort – noch in der Nacht.

Wenn die Träume des Josef von Gott kamen, dann kann man durchaus sagen: Josef hatte „ein wunderbares Leben". Aber es war kein gemütliches Leben!

Das Hören auf Gott ist mitunter anstrengend!

Manchmal erwarten Christen, dass Gott sie so begleitet, dass in ihrem Leben alles glatt und wunschgemäß abläuft. Doch das erlebten Maria und Josef nicht.

Manche Menschen erleben in ihrem Leben Härten – und denken dann: „Wenn Gott mich wirklich lieben würde, dann würde er doch solche Härten nicht zulassen." Doch nach den Berichten der Evangelien lässt Gott durchaus solche Härten zu, auch bei Menschen, die auf Gott hören. Bei Josef und Maria war es so. Das Wirken Gottes zeigte sich in einzelnen Wundern, aber nicht darin, dass alles Unangenehme grundsätzlich aus ihrem Leben ausgeklammert wurde.

Und das Wirken Gottes zeigt sich auch darin, dass sie sich der Nähe Gottes ständig bewusst sein konnten, auch in den mühsamen Abschnitten ihres Lebens.

Ein wunderbares Leben, das ist ein Leben, über dem steht: „Gott mit uns" – das wird als Bezeichnung für Jesus angegeben (Matthäus 1,23).

Als Herodes merkte, dass die Gelehrten nicht zurückkamen, wurde er verärgert und ließ in Betlehem und Umgebung alle Söhne „im Alter von zwei Jahren und darunter" töten – der bekannte „Kindermord von Betlehem". Für Herodes war die Ermordung einiger Kinder (vielleicht waren es etwa 20 kleine Buben?) nichts Besonderes, hatte er doch auch eine seiner Ehefrauen und zwei Söhne umbringen lassen – ebenfalls aus Angst vor Konkurrenz.

Nach dem Tod des Herodes hatte Josef wieder einen Traum, der ihn zur Rückkehr nach Israel aufforderte. Nebenbei bemerkt, von Josef lesen wir im ganzen Neuen Testament sehr wenig, und wir lesen nie etwas, was Josef *gesagt* hat. Aber hier, im Bericht des Matthäus, lesen wir vier Mal, dass Gott zu ihm im Traum sprach. Und jedes Mal handelte Josef sofort entsprechend. In seiner Offenheit für Gott und in seinem Gehorsam ist Josef ein Vorbild. Josef ist ein Mensch, der *horcht* („was will Gott sagen?"), und der *gehorcht* (er tut, was Gott sagt).

Nach dem Tod des Herodes wurde das Reich auf drei seiner Söhne aufgeteilt. *Archelaus* erhielt Judäa, also das Gebiet um Jerusalem. Ihm ging ein schlechter Ruf voraus, daher wich Josef ihm aus und zog nach Nazareth in Galiläa. Archelaus regierte dann so brutal, dass er nach einem Jahrzehnt vom römischen Kaiser abgesetzt wurde.

Judäa war seit der Absetzung von Archelaus direkt dem römischen Kaiser unterstellt; dieser regiert dort durch einen Statthalter. Das ist die Situation, die wir dann, drei Jahrzehnte später, auch beim öffentlichen Auftreten Jesu sehen, insbesondere bei seinem Prozess: Da regierte in Judäa als Statthalter Pontius Pilatus.

Was wünschen wir uns? Welche Träume haben wir? Was erhoffen wir uns vom Leben?

Wie klingt das für dich: „Dein Leben soll *ein wunderbares Leben* sein?"

Ein wunderbares Leben, das ist aber kein unbeschwertes Leben. Ein wunderbares Leben kann ein Leben sein mit Härten und mit Unebenheiten, so wie es auch bei Josef und Maria war. Aber *die Unebenheiten unseres Lebens sind die Folie, vor der Gott seine Wunder tut.*

Ein wunderbares Leben, Gott möchte es uns schenken.

Ein wunderbares Leben, das ist ein Leben, über dem steht: „Gott mit uns."

6. Christen verbünden sich mit der Macht
Politische Macht und Gottes befreiende individuelle Macht

Woran denken wir bei der *Geschichte des Christentums*? Denken wir an …

… mutige Missionare, die in fremden Ländern ihr Leben riskierten?

… Ärzte und Krankenschwestern, die in armen Ländern kranke Menschen behandelten?

… Bibel-Übersetzer, die manche bis dahin nur mündlich existierende Sprachen erstmals in eine schriftliche Form brachten – und damit zur Bewahrung dieser Sprachen beitrugen?

… politische Akteure, die sich gewaltlos für die Abschaffung der Sklaverei einsetzten?

All das gehört zur Geschichte des Christentums.

Machtmissbrauch

Viele Leute denken bei *der Geschichte des Christentums* aber an ganz andere Ereignisse, sie denken an Macht und Machtmissbrauch, an Bereicherung und Luxus, an Kriege und Unterdrückung. In diesem Zusammenhang werden z.b. auch immer wieder die Kreuzzüge erwähnt.

Die Kreuzzüge waren gedacht als Bekämpfung von Eroberern. Sie begannen etwa um 1100 n. Chr. Kurz zuvor war Jerusalem von moslemischen Türken erobert worden. Jerusalem war ein beliebter Wallfahrtsort für Christen. Und so unterstützte der römische Papst den Gedanken, dass Jerusalem von Christen beherrscht sein sollte. Er versprach den Kreuzfahrern einen sogenannten *Ablass*; d.h. für ihre Beteiligung am Kreuzzug sollten ihnen sühnende Strafen für ihre Sünden nachgelassen werden.

Die Kreuzzüge waren tatsächlich eine unselige Verbindung von Gewaltaktionen mit dem christlichen Glauben. Allerdings sollte dieser Vorwurf nicht gerade von Moslems kommen, denn die Kreuzzüge waren eine kriegerische Reaktion auf vorhergehende kriegerische Eroberungen durch Moslems.

Solche „Kreuzzüge" richteten sich aber nicht nur gegen Moslems. Im 4. Kreuzzug wurde Konstantinopel brutal erobert, obwohl es damals noch von griechisch-orthodoxen Christen beherrscht war (deren Reich hieß *Byzanz*). D.h. hier richtete sich die Aktion gegen eine andere Kirche (das belastet das Verhältnis zwischen Ostkirche und Westkirche bis heute). Und auch gegen eine außerkirchliche Bewegung in Südfrankreich, gegen die so genannten *Albigenser*, wurde ein „Kreuzzug" geführt. In weiterer Folge beauftragte der Papst den Orden der *Dominikaner* mit der Durchführung der so genannten *Inquisition*. Diese sollte Andersdenkende aufspüren; solche so genannten „Irrlehrer" wurden nach ihrer Verurteilung der staatlichen Gewalt überliefert, die dann die Verbrennung am Scheiterhaufen vornahm.

Die Verbindung von Religion und Gewalt hat also eine lange und facettenreiche Geschichte!

Was Kritik an Vorgängen in der Kirchengeschichte betrifft: Es ist nicht die Aufgabe heutiger Christen, die Christenheit zu verteidigen. Denn Christen sind nicht unbedingt von allen Anhängern des Christus begeistert, sondern von dem Christus.

Und Jesus, der Christus, war gegen Gewaltanwendung. Das hat manche seiner späteren Anhänger aber nicht an Gewaltanwendung gehindert. Das kann aber jeder, auch der friedlichsten, Ideologie passieren – dass sie vereinnahmt wird von Anhängern, die meinen, diese Ideologie gewaltsam durchsetzen zu müssen.

Jesus und seine ersten Anhänger waren gewaltlos

Die Neigung, gegen Andersdenkende gewaltsam vorzugehen, zeigte sich übrigens bereits zur Zeit Jesu, unter seinen engsten Anhängern. Als Jesus mit ihnen nach Jerusalem unterwegs war, durchquerten sie Samaria, erlebten dort aber keine Gastbereitschaft. Zwei seiner Anhänger, Jakobus und Johannes, fragten verärgert: „Herr, sollen wir befehlen, dass Feuer vom Himmel fällt und sie vernichtet?" Daraufhin kritisierte Jesus sie scharf (Lukas 9,52-55).

Die Anwendung von Gewalt gegen „die anderen", das war nicht der Weg Jesu!

Die Ausbreitung der Jesus-Bewegung erfolgte ursprünglich gewaltlos. Es gab keine Unterstützung durch politische Macht, im Gegenteil: mehrmals wurden die Christen von der politischen Macht bekämpft.

Trotz dieses „Gegenwindes" kam es zu einer raschen Ausbreitung. In Kleinasien (also der heutigen Türkei), an der Küste hin zu Griechenland, kam es zu einer Protestbewegung gegen Paulus. Das war in Ephesus: Die dortigen Silberschmiede merkten, dass ihr Absatz in Kleinasien zurückging (Apg 19,23ff) – das verweist darauf, dass ein beträchtlicher Teil der Bevölkerung zu Christen geworden sind. D.h. um 55, also etwa 25 Jahre nach Jesu Tod, ist die christliche Bewegung weit verbreitet, weit über Israel hinaus!

Mit der so genannten *Konstantinischen Wende* bald nach 300 n. Chr. kam es zu einer grundlegenden Wende im Verhältnis zwischen Kirche und Staat. Nun wurde das Christentum staatlich gefördert.

Es gab also in den ersten drei Jahrhunderten eine enorme Ausbreitung, trotz der Widerstände. Diese rasche Ausbreitung erinnert an das, was der alttestamentliche Prophet Sacharja sagte:

„Es soll nicht durch Heer oder Kraft, sondern durch meinen Geist geschehen", spricht der Herr der Heere. (Sach 4,6)

Durch die spätere Verbindung von christlichem Glauben und Gewalt kam es schließlich zu einem Christentum, das der Art Jesu nicht entsprach – und auch nicht seinem Anliegen. Damit veränderte sich auch der Charakter des Christentums: Während es bei Jesus um eine freiwillige Entscheidung ging, regierte nun der Zwang.

Jesu Macht bewirkte Befreiung von Menschen

Da kam es oft zu einer ungünstigen Verbindung von Macht mit christlichem Glauben, zu Machtmissbrauch. Aber Macht, d.h. die Möglichkeit zu gestalten, ist an sich nichts Schlechtes, und schon bei Jesus selbst erleben wir viel *Macht*. Als Jesus öffentlich auftrat, waren die Leute oft erstaunt – sie staunten über seine „Vollmacht". Das betraf erstens seine *Lehr-Vollmacht*, zweitens seine *Handlungs-Vollmacht*. In einem Bericht über eine Dämonen-Austreibung werden beide Arten von Vollmacht erwähnt (Markus 1,21-28). Jesus berief sich nicht auf frühere Rabbis, etwa so: „Rabbi Hillel hat gesagt ...", sondern Jesus tritt in eigener Autorität auf: („ich sage euch"). Er trat also mit einem hohen Anspruch auf – den er aber durch seine Handlungs-Vollmacht unterstreichen konnte. Jesus trieb einen Dämon aus; die Leute, die das sahen, waren beeindruckt und sagten: „eine neue Lehre mit Vollmacht?" Bei Jesus waren es keine leeren Worte.

Was ist eigentlich ein Dämon? Ein Dämon ist eine *beherrschende Persönlichkeit*. Das Ziel eines Dämons ist die „Verkörperung" – d.h. das Eindringen in die sichtbare Welt, und das Wirken darin. *Die körperliche Welt ist umkämpft!* Auch du bist umkämpft!

Wenn wir an die Geschichte denken, werden wir oft mit „Dämonischem" konfrontiert. Aber auch in der Gegenwart – wenn wir Nachrichten lesen ... Inwieweit im Einzelfall ein Dämon am Wirken ist, können wir nicht sicher sagen. Sind es dämonische Gedanken, die ein Mensch aufgreift – oder ergreift ein Dämon zeitweise Besitz von einem Menschen?

In jedem Fall ist es wichtig, dass der betreffende Mensch frei wird, und eine Mauer aufrichtet dagegen, dass er zu zerstörerischen Aktionen gedrängt wird.

Ein Dämon kann durchaus einen besonderen Zugang haben zu einem bestimmten Ort (aufgrund von Ereignissen an diesem Ort), oder zu einem bestimmten Menschen. Dazu kommt es aufgrund von Handlungen dieses Menschen, indem dieser wiederholt *Ja* sagte zu einem dämonischen Einfluss. Der Dämon gewinnt dadurch mehr und mehr an Einfluss auf diesen Menschen, bis hin zur Inbesitznahme. Ein Zustand der Inbesitznahme lässt sich bei Alkoholikern und ganz generell bei Süchtigen beobachten. *Das ist der Weg von der Gewohnheit zur Sucht!*

Das Ziel ist nun, dass dieser dämonische Zugang wieder abgeschnitten wird. Der „befallene" Mensch soll dahin kommen, dass er *Nein* sagt – wenn der Dämon quasi anklopft. Eine solche Befreiung ist möglich, auf geistlichem Weg, durch Glauben und Gebet, wobei andere Christen unterstützen können. „Das Evangelium ist eine Kraft Gottes!", sagte schon Paulus (Römer 1,16).

Die Macht – nicht um Menschen zu unterdrücken, sondern um Menschen zu befreien. Menschen, die auf einem Abwärts-Weg sind, die von ihren Gewohnheiten allmählich in eine Sucht hineinschlittern.

Christen sind verbündet mit der Macht. Die Macht, diese liegt im Evangelium. Darin steckt soviel Potential, dass sich die christliche Bewegung in wenigen Jahrzehnten ausbreiten konnte, trotz mehrerer Verfolgungen.

Die Macht, die im Evangelium steckt – hast du sie schon gespürt?

Die Macht, die auch unser Leben verändern will.

Die Macht, die das Wichtige ins Zentrum rückt: Gott selbst, von dem die Macht ausgeht, und der die Macht zum Wohl der Menschen einsetzt.

Gottes Macht, wir dürfen sie erleben. Heute und morgen, bis zu dem Tag, an dem Gottes Macht eine neue Welt errichtet.

Das Evangelium von der Rettung durch Jesus

Die Kapitel des zweiten Blocks behandeln die zentrale Heilsbotschaft. Gottes Absicht ist eine *Wiederherstellung*: Aus der Welt, die nur ansatzweise nach Gott fragt, und in der vieles chaotisch (d.h. ungerecht und tragisch) läuft, soll wieder eine gute Welt werden. Hier betrachte ich zuerst den Menschen. Was ist sein ursprüngliches „Wesen", seine Besonderheit? Um die Erschaffung des Menschen geht es im 7. Kapitel (*Leben unter dem Anhauch Gottes*).

Die Situation der Menschheit ist chaotisch, trotz vieler Bemühungen um Frieden und Gerechtigkeit. Die Bibel nennt den Grund dafür: *Sünde*. Was das bedeutet, und inwiefern der einzelne – nach eigener Einschätzung meist anständige – Mensch von Sünde belastet ist, das lässt sich unseren Zeitgenossen gar nicht so leicht erklären. Dieses Anliegen, die Sündhaftigkeit des Menschen, auch des einzelnen, plausibel zu machen, verfolgen zwei Kapitel, zuerst das 8. Kapitel (*Woran denken Menschen beim Wort „Sünde"?*), dann das 9. Kapitel (*Worin besteht die Sünde des Menschen?*).

Das Thema *Sünde* kann das Leben des einzelnen Menschen sehr massiv prägen – indem aus Handlungen allmählich Gewohnheiten, und aus diesen schließlich Bindungen werden. Solche Realitäten in meinem Leben sollte ich nicht verdrängen. Welche Bindungen es da gibt, und wie es zur Befreiung kommt – darum geht es im 10. Kapitel (*Was fesselt mein Denken – und Handeln?*).

Die „Klage" ist eine Gebetsform, die wir im Alten Testament öfters finden; ein Hinweis darauf, dass wir mit Gott offen reden dürfen, und unser tatsächliches Empfinden nicht hinter einer Maske oder einer Liturgie verstecken müssen. Auch im Leben Jesu finden wir eine solche Klage – einmal. Welche Bedeutung hatte diese – von Jesus beklagte – Gottverlassenheit? Damit befasst sich das 11. Kapitel.

Jesus am Kreuz ist ein für den christlichen Glauben zentrales Geschehen. Jesus starb „für uns" – aber was bedeutet das? Oft wurde dieses „für uns" im Sinne von *Stellvertretung* verstanden. Darum geht es im 12. Kapitel.

7. Leben unter dem Anhauch Gottes
Was ist das Besondere, das Gott dem Menschen mitgab?

Heute hören wir viel von der Gentechnik. Die Gene enthalten die Information für die Vererbung. Die Forscher vergleichen viele Tier-Arten miteinander, und zwar speziell deren so genannte DNA, auf der die Erb-Information sitzt. Es gab dann Sensationsmeldungen: Beim Menschen und beim Schimpansen sei die DNA zu etwa 98% gleich, also in sehr hohem Ausmaß. Wenn die Medien diese Nachricht bringen, dann schieben sie oft noch eine Schlussfolgerung nach: Dass damit die in der Bibel behauptete Sonderstellung des Menschen endgültig widerlegt sei.

Tatsächlich behauptet die Bibel eine Sonderstellung des Menschen – doch nicht in biologischer Hinsicht. Was sagt die Bibel eigentlich über die Erschaffung des Menschen? Den Schöpfungsbericht finden wir schon am Beginn der Bibel. Oder sind es *zwei* Berichte? Sollte man statt „Bericht" von „Erzählung" oder „Mythos" sprechen?

Dazu wurde bereits viel diskutiert. Ich möchte diese komplexen Fragen zurückstellen. Betrachten wir die Aussagen zum Anfang von Mensch und Tier; wir werden sehen, dass sie dem, was wir tatsächlich beobachten (und was die Forschung präzisiert), gut entsprechen.

Wir lesen in den ersten beiden Kapiteln der Bibel folgendes:

Dann sagte Gott: ‚Nun wollen wir den Menschen machen, ein Wesen, das uns ähnlich ist! Er soll Macht haben über die Fische im Meer, über die Vögel in der Luft und über alle Tiere auf der Erde.' (1. Mose 1,26)

Außerdem: *Da nahm Gott Erde, formte daraus den Menschen und hauchte ihm den Lebensatem in die Nase. So wurde der Mensch lebendig. (1. Mose 2,7)*

Beim Lesen dieses Textes von der Erschaffung des Menschen können mehrere Fragen aufkommen; ich konzentriere mich jetzt auf drei, nämlich: warum, was, wie? Zuerst:

WARUM schuf Gott den Menschen?

Der biblische Schöpfungsbericht sagt uns nichts über das „warum" – und daraus folgt: Unsere Überlegungen dazu sind letztlich nur Vermutungen. Denn diese Frage zum Ursprung werden wir aufgrund unseres bloßen Nachdenkens kaum mit Sicherheit beantworten können.

Im alten Babylon gab es dazu eine bestimmte Vorstellung: Dort werden die Menschen dazu erschaffen, um den Göttern zu dienen, sie sollen sie mit Speise und Trank versorgen (die dort überlieferte Erzählung heißt *Enuma elis*).

Im biblischen Schöpfungsbericht finden wir Angaben darüber, was der Mensch *tun* soll. Es geht um drei Aufträge, die Gott dem Menschen gibt: Er soll …

… den Tieren Namen geben
(das ist ein erster, kleiner Schritt zur Wissenschaft!),
… den Garten pflegen,
… alles beherrschen, sich die Erde „untertan" machen
(1. Mose 1,28).

Alle drei Aufgaben haben eigentlich nicht unmittelbar mit Gott zu tun! Hier klingt es nicht so, als hätte Gott die Menschen erschaffen, um sich von den Menschen bedienen zu lassen.

WAS ist das Besondere am Menschen?

Was ist charakteristisch speziell für den Menschen? Worin besteht die Sonderstellung des Menschen laut dem Schöpfungsbericht?

Die drei speziellen Aufgaben des Menschen erwähnte ich bereits, gehen wir sie jetzt nochmals durch:

Erstens, der Mensch wird mit der Namensgebung der Tiere beauftragt: Die Tiere benennen – das setzt die Fähigkeit zu sprechen voraus. Der Mensch ist fähig dazu, das von ihm Beobachtete (z.B. die Tiere mit ihren Eigenheiten) verbal einzuordnen und auszudrücken. Die sprachlichen Fähigkeiten des Menschen nehmen wir oft als selbstverständlich. Aber ein Vergleich mit Tieren macht uns bewusst, was für eine großartige Sache die Sprache ist. Wir finden auch bei Tieren Ansätze zur Kommunikation, aber nichts Vergleichbares: Die menschliche Sprache unter Verwendung von Grammatik und mit ihren Ausdrucksmöglichkeiten ist etwas Einzigartiges. Soweit bei manchen Tier-Arten besondere kommunikative Fähigkeiten beobachtet werden, sind diese ungefähr mit einem dreijährigen Kind vergleichbar. Das ist beeindruckend, aber es gibt enorme Unterschiede zu den Fähigkeiten erwachsener Menschen.

Die zweite Aufgabe: Der Mensch soll sich um den Garten kümmern. Das erinnert uns an den Ackerbau – die planmäßige Verwertung von Pflanzen.

Die dritte Aufgabe: Der Mensch soll über die Natur herrschen. Der Mensch hat Haustiere, die sich ihm unterordnen. Und er verwendet Feuer; das ist etwas, wovor Tiere zumeist Angst haben – mit Recht, denn Feuer ist gefährlich, auch dem Menschen. Aber im Großen und Ganzen gelingt es dem Menschen, das Feuer zu beherrschen. Viele Errungenschaften der Zivilisation waren nur durch Feuer möglich: Die Zubereitung von Nahrung, die Heizung, die Metallverarbeitung. Mittlerweile können manche Funktionen des Feuers vom elektrischen Strom übernommen werden.

Darüber hinaus finden wir im Schöpfungsbericht noch weitere Besonderheiten, die für die Tiere nicht zutreffen. Nur der Mensch wird bei der Erschaffung von Gott angehaucht, er wird von Gott intensiv angeredet und redet selbst auch, und nur er wird *im Ebenbild Gottes* geschaffen.

Diese „Gottesebenbildlichkeit des Menschen" verweist vermutlich auf den besonderen Gottesbezug des Menschen. Zwischen Gott und Mensch gibt es eine intensive Kommunikation – Menschen sind religiös. Nun wird der Atheist bestreiten, dass religiöse Menschen tatsächlich mit Gott in Kontakt stehen. Aber auch der Atheist erkennt, dass Menschen sich darum bemühen, und dass sie der Meinung sind, mit Gott in Kontakt zu sein. Das subjektive Bemühen ist somit offensichtlich gegeben. Und schon dafür fehlen uns Anhaltspunkte, dass es das auch im Tierreich geben würde.

Wo es Menschen gibt, gibt es auch Religion. Auch wenn wir in der Vergangenheit weit zurückgehen, bis in die Urgeschichte – wo die Funde, insbesondere Gräber, uns einige Aufschlüsse über die damaligen Menschen geben, finden wir auch Religion, etwa den Glauben an ein Weiterleben nach dem Tod. Ähnliches gilt für die so genannten Naturvölker – Gruppen von Menschen, die von den großen Weltreligionen nicht erfasst sind: Religion haben sie alle. Das gilt jedenfalls für Völker und Stämme, nicht für jedes einzelne Individuum. Es gehört zur Freiheit des Menschen, sich auch gegen Religion entscheiden zu können – wenngleich auch Atheisten und Agnostiker leicht wieder in eine Art von Religion hineingleiten.

Neben der Religion lässt sich auch noch Wissenschaft und Kunst nennen, als Bereiche, die man in der Tierwelt nicht findet. Abgesehen von manchen Ansätzen zur Kunst, die wir in der Tierwelt finden.

All dieses spezifisch Menschliche wird in der Gegenwart mit einem besonderen Schutz umgeben, die Freiheit dieser Bereiche (Freiheit der Meinungsäußerung, Religion, der Wissenschaft, der Kunst) gehört zu den Menschenrechten. Das ist ein Hinweis darauf, dass dem Menschen die Bedeutung dieser seiner Besonderheiten bewusst ist.

Jedenfalls zeigt uns eine Betrachtung der Besonderheiten des Menschen Folgendes: Der biblische Schöpfungsbericht hat eine beeindruckende Einsicht in die Realität. Er ist tatsächlich *Offenbarung* – d.h. der Bericht passt zu dem Gott, der sich mitteilt.

Die Betrachtungsweise der Biologie konzentriert sich verständlicherweise auf das Körperliche, und ordnet den Menschen ins Tierreich ein. Tatsächlich liegen die Unterschiede zwischen Mensch und Tier nicht in den erforschbaren Genen, sondern darin, dass der Mensch von Gott angehaucht wurde. Aber die Befunde der modernen Genforschung sind sehr aufschlussreich. Sie zeigen uns, dass der Mensch körperlich viele Ähnlichkeiten mit Tieren hat – hierin liegt also nicht die Besonderheit des Menschen! Das erinnert uns daran, was ohnehin auch schon der Schöpfungsbericht sagt. Dort lesen wir nicht: „Gott nahm einen Goldklumpen …", nein, er nahm schlicht und einfach „Erde vom Acker".

Damit kommen wir zu unserer letzten Frage: *WIE schuf Gott (den Menschen)?*

Fragen wir zuerst ganz allgemein: Wie schuf Gott überhaupt? Im Schöpfungsbericht heißt es immer wieder: „Gott sprach – und es geschah". So ist das! Da stoßen wir auf eine Besonderheit Gottes: „Gott sprach – und es geschah!" Gottes Sprechen ist mit einer gewaltigen Wirkung verbunden!

Bedenken wir das mit, wenn wir in der Bibel Gottes Reden finden: Das sind keine leeren Worte! Wir sehen das bei den Propheten im Alten Testament. Aber auch bei Jesus im Neuen Testament. Wenn Jesus ein Wunder tut, läuft es oft auch so: *Jesus spricht – und es geschieht.* Die Wundertätigkeit von Jesus erinnert an den alttestamentlichen Schöpfergott: Jesus sprach – und z.B. der Kranke wurde geheilt.

Nun aber konkret zum Menschen:

WIE schuf Gott den Menschen?

Antwort: Gott schuf durch Anhauchen: Das führte zu einer Sonderstellung des Menschen, das führte dazu, dass der Mensch über eine entwicklungsfähige Sprache verfügt, und dass er Herrschaft und Verantwortung über die Erde übernehmen kann.

Der Schimpanse und der Mensch sind sich, wie uns die Genforschung sagt, körperlich sehr ähnlich. Und doch gibt es in den kulturellen Leistungen enorme Unterschiede! Sprache, Wissenschaft, Weitergabe über Generationen hinweg, … Auch wenn wir in der Tierwelt Ansätze dazu finden, bleiben doch enorme Unterschiede.

Gott gibt Anteil – durch das Anhauchen Gottes werden wir Teilhaber Gottes, Partner Gottes.

Das Anhauchen Gottes: Ein unscheinbarer Vorgang – und so Großes ist daraus entstanden. Die menschliche Sprache, die Fähigkeit mit Gott in Verbindung zu sein, der Drang zu forschen, die Freude an der Kunst, die Beherrschung der Welt: Viehzucht, Ackerbau, Umgang mit Feuer … Dass Gott den Menschen anhauchte, hatte enorme Auswirkungen!

Ich werde mit der Sprache konfrontiert – und erkenne: Das ist das Ergebnis von Gottes Anhauchen.

Ich werde mit großen kulturellen Leistungen konfrontiert – und erinnere mich: Eine Folge von Gottes Anhauchen.

Das Anhauchen – eine ganz spezielle Aktivität Gottes. Es bringt uns zum Staunen, es macht uns dankbar, und es weckt unsere Erwartungen – für das, was dieser Gott noch tun wird!

8. Was bedeutet „Sünde"?
Auf einem Irrweg passieren Fehltritte

Das Wort „Sünde" ist aktuell. Es gibt *Verkehrs-Sünder*, *Park-Sünder* und *Umwelt-Sünder* … Ganz zu schweigen von der „Linie" (?), gegen die manche zu sündigen meinen …

Dagegen gibt es wenig Verständnis für jene Art von „Sünde", über die im Christentum gesprochen wird. Und daher gibt es auch wenig Verständnis für Karfreitag und Ostersonntag. Während manche christliche Anliegen durchaus Anerkennung finden, etwa Nächstenliebe und Vergeben (statt Rache üben).

Umgang mit eigenem Fehlverhalten

Wenn es im Kern des christlichen Glaubens heißt: *Für meine Sünde musste jemand anderer sterben*, dann versteht das kaum jemand. Die eigenen Vergehen werden nicht als dramatisch empfunden, jedenfalls von kaum jemandem. Nur in Einzelfällen gibt es das – das Gequältwerden durch die Erinnerung an eine bestimmte Schuld. Als der 2. Weltkrieg in Europa bereits zu Ende war, kämpfte Japan noch weiter gegen die USA, woraufhin diese zwei Atombomben abwarfen. Ein Pilot dieser „Hiroshima-Mission" bedauerte seine Tat im nachhinein: Major Claude Eatherly. Er saß im August 1945 am Steuer des vorderen Flugzeugs und gab den ihm folgenden Bombenflugzeug das „Go ahead"-Signal, weil das Wetter gut war. Er selbst war bei diesem ganzen Geschehen zwar nur ein Rädchen im Getriebe, aber er empfand seine Schuld sehr stark, und kam mit seinem Leben nicht mehr zurecht: Er versuchte Selbstmord zu begehen, geriet in Alkohol und Drogen ... Er wurde von Günther Stern (der unter seinem Pseudonym Günther Anders bekannter ist) kontaktiert, und es ergab sich ein Briefwechsel, der als Buch herauskam: „Off Limits für das Gewissen". Major Eatherly schrieb, er habe jede Nacht Albträume:

> „Ich sehe die riesigen Brände, die rot aufglühenden Flammen verfolgen mich. Ich sehe Häuser, die zusammenstürzen, Kinder, die weglaufen, lebende Fackeln, die Kleider stehen in Flammen. Und alle fragen mich: ‚Warum hast du das getan?'"

Das ist ein Beispiel für einen Menschen, der seiner Schuld nicht ausweicht – und daran zerbricht.

Aber im Großen und Ganzen leiden die Menschen nicht. Das hat vermutlich einen einfachen Grund: Für uns Menschen ist es schwierig, in einer Abweichung zwischen Erkennen und Tun zu leben, mit einer „kognitiven Dissonanz". Es ist uns unangenehm, wenn wir anders handeln, als wir es für richtig halten, wir leiden darunter. Es findet dann laufend ein gegenseitiger Anpassungsprozess statt zwischen der eigenen Ethik (d.h. dem, was ich für richtig halte) und dem eigenen Verhalten. D.h. ich werde entweder mein Verhalten ändern, dann stimmt wieder alles (nämlich: meine Moral und mein Handeln stimmen überein). Oder ich kann oder will mein Verhalten nicht ändern, dann passe ich meine Meinung an ... Ich sage dann vielleicht: „Das ist nicht so schlimm", „Das ist eine Notsituation", „Von irgendwas muss man ja leben", oder „Ich bin auch nur ein Mensch" ... Auf diese

Art „stimmt" auch wieder alles, nämlich Meinung und Handeln stimmen überein.

Dieser Anpassungsprozess hat Folgen: Kaum jemand läuft mit großem Sündenbewusstsein herum, auch nicht solche Menschen, bei denen wir das eigentlich vermuten würden. Auch die meisten Schwerverbrecher im Gefängnis zeigen keine besondere Reue; Ähnliches gilt für NS-Täter. Es wäre eben sehr schwer, mit erdrückendem Sündenbewusstsein zu leben. D.h. um daran nicht zugrunde zugehen, sondern überhaupt weiterleben zu können, ist es nötig, das eigene Verhalten zu rechtfertigen oder zu verharmlosen. Oder eben den *Jesus-Ausweg* zu wählen: Die in Jesus angebotene Vergebung anzunehmen!

Begriffe

Der Begriff *Sünde* ist derzeit in der Öffentlichkeit zweifach behaftet: Erstens, dass es sich dabei um – moralisch bewertet – Kleinigkeiten handelt, z.B. wenn ich „gegen meine Linie sündige", indem ich einmal ein Stück Torte esse. Und zweitens, dass der Begriff ansonsten eigentlich nur innerhalb der Kirche Bedeutung hat – wenn nämlich die Kirche sich als Spaßverderber aufspielt und den Menschen das, was Freude und Genuss bereitet, vermiesen will durch das Etikett „Sünde".

Außerhalb der Kirchenmauern begegnet uns das Wort „Sünde" in einer saloppen Bedeutung; es gilt als etwas Reizvolles (gerade weil es verboten ist …). Aber primär ist „Sünde" ein Thema in der kirchlichen Sprache. Wenn ein solches Wort aus der Kirche nach draußen dringt, wie wird es dann aufgenommen? Das hängt vom Bild ab, das jemand von der Kirche an sich hat. Wem die Kirche als altmodisch und langweilig erscheint, der ordnet auch den kirchlichen Begriff „Sünde" entsprechend ein: Kirche ist langweilig, daher verbietet sie das Spannende als ‚Sünde'. Wenn nun ich einen Begriff wie Sünde im Gespräch mit anderen Leuten verwende, wecke ich bei ihnen entsprechende Assoziationen.

Wenn Begriffe durch ein schiefes Verständnis besetzt sind, ist eine Korrektur oft schwierig. Oft ist es einfacher, auf andere Begriffe auszuweichen. Hier möchte ich auf zwei neue Begriffe ausweichen, nämlich auf *Irrweg* und *Fehltritte*.

In dem Grundlagenbuch des christlichen Glaubens, in der Bibel, wird der Begriff *Sünde* in zweifacher Weise verwendet, in Einzahl und in Mehrzahl: Die Einzahl meint oft die *Grundhaltung*, die Mehrzahl meint *einzelne Handlungen*.

Die Grund-Sünde (also die Sünde in Einzahl) der Menschen ist das Leben ohne Gott, also Gott zu ignorieren. Denn Gott ist es, der im Mittelpunkt unserer Aufmerksamkeit stehen sollte, aber die Menschheit will ihren eigenen Weg gehen! Diese Distanz Gott gegenüber beruht oft auf Misstrauen. Diese Grund-Sünde (oder Hauptsünde) hat also mit unserer Grundhaltung zu tun, einer selbst gewählten oder zumindest selbst verstärkten Distanz Gott gegenüber.

Was bedeutet es konkret, Gott ernst zu nehmen? Es bedeutet, auf das zu achten, was Gott geoffenbart hat, d.h. auf die von Propheten, von Mose bis Jesus, mitgeteilten Botschaften zu achten. Jesus selbst definiert Sünde so: „weil sie nicht an mich glauben" (Johannes 16,9). Auf Gottes Propheten sollen wir hören, insbesondere auf Jesus als dem Höhepunkt der Propheten.

Sünde im Neuen Testament meint ein Abirren – wie es einem Wanderer passieren kann: Wenn er auf einen *Irrweg*, einen falschen Weg gerät, so wird er sein Ziel nicht erreichen. Das Ziel ist Gott und die Gemeinschaft mit ihm. Hier liegt eine wichtige Mahnung auch für uns Christen! Wir stehen manchmal an einer Wegscheide, an einer Abzweigung – wie entscheide ich dann? Gerade bei wichtigen Entscheidungen im Leben brauche ich die Hilfe meines „Bergführers" ganz besonders.

Dieser falsche Weg (= Irrweg) steht für die „Grundsünde" oder „Hauptsünde" des Menschen. In diesem Sinne sprach bereits der Prophet Jesaja (53,6):

> *„Wir hatten uns alle verirrt wie Schafe, jeder ging für sich seinen Weg. Doch Jahwe lud die Schuld von uns allen auf ihn."*

Aus dieser Fehlhaltung resultieren dann einzelne Tatsünden, nämlich Verstöße gegen einzelne Ge-/Verbote. Anstelle von „einzelner Sünde" sage ich *Fehltritt* (man könnte auch *Verfehlung* oder *Übertretung* sagen). In der Erklärung des Vater-unsers sagt Jesus: „wenn ihr den Menschen ihre Fehltritte vergebt" (Matthäus 6,14f).

Ein Fehltritt kann in einer gebirgigen Gegend verhängnisvoll sein (aber es gibt auch vergleichsweise harmlose Fehltritte).

Also, kurz zusammengefasst, was Sünde ist: Die Distanz Gott gegenüber ist die Grundhaltung, die auf einen Irrweg führt, und daraus resultieren dann einzelne Fehltritte.

Versuchen wir nun *Irrweg* und *Fehltritt* in einem Vergleich („Gleichnis") aufzugreifen! Stelle dir vor, du wanderst auf einem dir noch kaum bekannten gebirgigen Gelände. Es scheint die Sonne, die Gegend gefällt dir – daher meintest du, du kannst auf einen Bergführer verzichten.

Die Botschaft der Bibel ist, wenn wir sie auf dieses Bild umlegen, folgende: Wer Gott ignoriert, meint auf einen Bergführer verzichten zu können. Eine Zeitlang kann das gut gehen, solange das Wetter gut ist. Aber sobald es umschlägt, und die Sonne sich verfinstert, ein Kälteeinbruch kommt, Nebel oder Schneetreiben einsetzen – dann ist es verhängnisvoll. Sobald du auf einen Irrweg (oder: „falschen Weg") gerätst, kann es dann zu Fehltritten kommen, vielleicht sogar zu tödlichen Fehltritten. Das ursprüngliche Problem sind aber nicht diese Fehltritte, sondern der Irrweg, auf den du kamst, weil du ohne Bergführer unterwegs bist. Solche Fehltritte sind dann eher die natürliche Folge vom ursprünglichen Problem, dem falschen Weg.

Gott als Bergführer: Er sagt dir nicht jeden Schritt, den du gehen sollst. Soweit es die Verhältnisse und deine Fähigkeiten zulassen, lässt er es gerne zu, dass du dich eigenständig bewegst. Um noch im Vergleich zu bleiben: Ich stelle mir dabei nicht eine Ebene vor, in der alle Richtungen möglich sind, sondern ein Gebirge, d.h. wir müssen an manchen Stellen vorsichtig sein. Aber ich denke nicht an ein Extrembergsteigen, wir sind also nicht dabei, einen Achttausender zu bezwingen – dabei wäre ein Abstürzen natürlich leicht möglich. Ich denke eher an mittlere Schwierigkeiten, wie sie sich beim *Bergwandern* ergeben. Wenn du den Bergführer in deiner Nähe hast, sorgt er dafür, dass du grundsätzlich auf dem richtigen Weg bleibst. Einzelne Fehltritte können trotzdem vorkommen. In schwierigen Situationen (z.B. bei einer Weggabelung, bei einer Abzweigung) ist es aber wichtig, dass du in besonders engem Kontakt zum Bergführer bleibst.

9. Was hat „Sünde" mit mir zu tun?

Die Bezeichnung „Sünder" betrifft die Menschen als Kollektiv

„Sünde" ist eigentlich ein Beziehungsbegriff, d.h. bei „Sünde" geht es um eine Beziehung, nämlich um die Beziehung zwischen Gott und mir. Wie soll die Beziehung zwischen Gott und Mensch aussehen? Jesus redete vor seiner Hinrichtung viel mit seinem engsten Anhängerkreis, mit 11 Männern; er sprach sie als seine *Freunde* an: Jesus lässt sein Leben für seine Freunde; sie sind seine Freunde, wenn sie tun, was er sagt; sie sind aber nicht Knechte oder Sklaven – solche werden nicht umfassend informiert von ihrem Herrn, während Jesus sie in die Pläne Gottes mit einbezogen hat.

Es geht also um eine Freundschaft zwischen Jesus und uns, wobei er uns zwar viele Gestaltungsmöglichkeiten überlässt, aber letztlich das Sagen hat. Wir neigen manchmal zu extremen Vorstellungen: Entweder haben wir einen autoritären Gott vor Augen, der unnahbar ist – oder einen sehr toleranten Gott, der mit allem einverstanden ist, was wir tun. Beides ist einseitig, die Wahrheit liegt in der Mitte.

Sünde hat also mit unserer Beziehung zu Gott zu tun. Indem Menschen nicht bereit sind, Gott in ihr Leben hereinzulassen. Wir – als Menschheit – sind auf einem Irrweg: Man kann es salopp so ausdrücken: „es ist was danebengegangen". Leicht erkennbar am Chaos in der Welt! Diese Haltung – unsere abweisende, desinteressierte Grundhaltung Gott gegenüber –, die Grundsünde, hat dann auch einzelne falsche Handlungen zur Folge. Das Grundproblem, das Gehen auf einem Irrweg, hat manche Fehltritte zur Folge.

Uns fällt ein Fehlverhalten eher bei anderen auf als bei uns selbst. Das lässt sich an folgender Erfahrung erkennen: Menschen reden über andere schlecht, während sie sich selbst für gut halten. Die anderen, „Schlechten" (oder als „schlecht Hingestellten") halten sich aber ebenfalls für – im Großen und Ganzen – gut. Wir sehen die Fehler viel eher bei anderen Menschen und kaum bei uns selbst. Fremd- und Selbstwahrnehmung klaffen auseinander!

Wer sich für Gott öffnet und bereit ist, sich von Gott auf eigene dunkle Flecken aufmerksam machen zu lassen, wird auf manches darauf kommen – aber nur allmählich, so nach und nach. Alles auf einmal würde niemand ertragen!

D.h. jeder Mensch erkennt höchstens einen Bruchteil seiner Sündhaftigkeit. Aber einiges erkennt wohl jeder: Vielleicht erinnert er sich an einige falsche Handlungen …

Die christliche Dogmatik betont das Sünder-Sein des einzelnen Menschen von Anfang an. Es wird betont, dass der einzelne Mensch schon mit einem Hang zum Bösen geboren wird, also: „Der Mensch sündigt, weil er ein Sünder ist". Und nicht: „Weil und sobald der einzelne Mensch einmal gesündigt hat, ist er ein Sünder". D.h. es würde nicht ganz stimmen, würde ich einem Menschen etwa Folgendes sagen: „Du bist schuld. Du hättest die

Möglichkeit gehabt, ganz ohne Sünde zu leben, aber aufgrund deiner völlig freien Entscheidung hast du dich für den Weg der Sünde entschieden."

Die Menschheit insgesamt steckt in Sünde, der Einzelne wächst in dieser Situation heran. Das ist die Ausgangs-Situation des einzelnen Menschen. Hier kommen wir zu einer kollektiven Betrachtung der Sünde des Menschen. Dabei fällt die Neigung des Einzelnen, sich zu verteidigen, den jeweils eigenen Schuld-Anteil möglichst klein zu halten, und eigene Fehler zu verdrängen oder zu verharmlosen, weg: Die Sünde der Menschheit insgesamt kann vom Einzelnen leicht erkannt und zugegeben werden.

Das ist also der erste Schritt: Das Wahrnehmen der Sündhaftigkeit der Menschheit als Kollektiv.

Der zweite Schritt ist dann der Blick auf den Einzelnen: Ich als Individuum bin ein Teil dieser sündigen Menschheit. Mein Anteil, meine Verantwortung am Zustand der Menschheit mag gering sein – aber ich stehe mittendrin und stecke auch im Schuldverhängnis der Menschheit.

Der einzelne Mensch wächst in diesen Zustand der Distanz Gott gegenüber hinein. Der einzelne Mensch wächst in einer *Zerrissenheit* heran:

Einerseits spürt jeder die Sehnsucht nach Heimkehr oder Rückkehr zu Gott; darin steckt aber indirekt auch schon der Hinweis auf das Bewusstsein, von Gott weg zu sein!

Andererseits neigt jeder dazu, einen „Sicherheits-Abstand" Gott gegenüber einzuhalten – damit Gott ihm in sein Leben nicht zuviel dreinredet.

Was man anhand der Menschheit als Kollektiv aufzeigen kann, erkennen die einzelnen Leute oft nicht als ihren persönlichen, individuellen Mangel. Das hat folgenden Grund:

Unsere Gegenwart denkt stark individualistisch; auch Sünde und Schuld empfindet das einzelne Individuum nur insofern, als sie eindeutig ihm zuzuordnen sind. Die Verantwortlichkeit des Einzelnen in Verbindung mit seiner Freiheit ist ja tatsächlich eine großartige Errungenschaft der *Freiheitsgeschichte der Menschheit* – diese Freiheit soll keineswegs vermindert werden! Dabei darf ich aber nicht vergessen, dass ich – wenngleich ein Individuum – Teil eines Kollektivs bin. Dass ich geboren wurde, war nicht meine Entscheidung, niemand hat mich gefragt, ob ich will. Und diese Entscheidung ist grundlegender als alle einzelnen Entscheidungen, die ich in meinem Leben treffe. Der Einzelne ist leidtragend auch dort, wo er persönlich kaum etwas dafür kann: Wo es um die Ausbreitung ansteckender Krankheiten geht, oder um Entscheidungen der Regierung, die Auswirkungen auf die ganze Nation haben.

Ähnliches gilt auch für den Gottesbezug der Menschheit. Ich wurde schon hineingeboren in diese Menschheit, die in ihrer Mehrheit entweder Gott ablehnt, oder in einer fanatischen Weise selbst religiöse und andere ideologische Vorstellungen konstruiert. Dieser Weg der Menschheit war nicht meine Idee, aber ich und jeder einzelne Mensch bestärken das noch – durch unser Leben und Entscheiden ohne Gott.

So gesehen ist der Einzelne nur beschränkt schuld an der Situation. Aber er ist nicht völlig unschuldig, denn wenn ihm das Heranwachsen zu einem selbstverantwortlichen Menschen geschenkt ist, tritt die individuelle Entscheidungsmöglichkeit an ihn heran, wodurch er beitragen kann dazu, dass sein Leben eine Wende nimmt.

Demnach ist es der Realität eher angemessen, Sündenerkenntnis auf das Kollektiv zu beziehen: Ich erkenne und anerkenne die Schuld der Menschheit. Und dann, in einem weiteren Schritt, mache ich mir bewusst, inwiefern ich als einzelner Mensch durch aktive Entscheidungen dazu beitrage.

Das gilt für die Grundsünde des Menschen, aber auch für einzelne Tat-Sünden.

Das Weltgeschehen zeigt eine Vielzahl falscher Haltungen und Handlungen. Dieser Einschätzung stimmen wohl alle zu. Aber es gilt auch für den Einzelnen, auch für mich: Ich habe manche Handlungen getan, bei denen ich wusste, dass sie falsch waren. Und manchen falschen Gedanken und Gefühlen habe ich Raum gegeben in mir. Treffend sagt Jesus: „aus dem Herzen des Menschen kommt das Böse" (Markus 7,21-23). Was einzelne Fehltritte betrifft, so sind wohl wir alle uns solcher bewusst – jedenfalls in Einzelfällen.

Falsche Handlungen können allmählich zu einer Bindung oder gar einer Sucht führen, zu einem Fremdgesteuert-Sein. Oft kommt es dazu, dass Menschen erkennen müssen: „Ich habe mich selbst nicht in der Gewalt", sie sind eigentlich versklavt, sie handeln gegen die eigene Einsicht; sie neigen z.B. zu Affekthandlungen und sind jähzornig, sie merken, wie sich Hass in ihnen breit macht und sie Rache suchen.

Berichte von Gräueltaten einzelner Menschen können mir einen Spiegel für die allgemein-menschliche Veranlagung vorhalten, für die Natur des Menschen. Ein sorgfältiges Hineinhorchen in die eigenen Gefühle und Gedanken entdeckt manche Parallelen zu schrecklichen Taten, die von Kriminellen ausgeführt wurden; d.h. ich bemerke in mir Anlagen, die bei mir zum Teil nicht zur Entfaltung kamen – zum Glück! Was ich da feststelle, ist aber aufschlussreich, denn hier kann ich erahnen, dass die menschliche Natur grundsätzlich die gleiche ist – jene Natur, wie sie sich mitunter in Gräueltaten manifestiert. Ich trage die Gefährdung in mir, den „Sprengstoff".

Auch hier sehen wir, dass sich Sünde zu einem großen Teil kollektiv ereignet: Sünde ist einerseits *Schuld*, andererseits *Verhängnis*. Um ein „Verhängnis" handelt es sich insofern, als ich in mir Neigungen und Veranlagungen spüre, ohne dass ich selber dafür viel getan habe. Aber es besteht insofern eine Mitschuld meinerseits, indem ich manche Neigungen durch viele Entscheidungen verstärkt habe; wenn ich mich dann entschließe dazu, aus dieser Neigung (die mittlerweile vielleicht schon eine Bindung wurde) herauszukommen, schaffe ich es nicht: Daran sehe ich das Verhängnisvolle, denn nun bin ich in Sünde verstrickt, obwohl ich es nicht will.

Der kollektive Charakter von Sünde wird besonders deutlich an ungerechten gesellschaftlichen Strukturen, erkennbar z.B. daran, dass ein Bruchteil der Ausgaben fürs Militärische den Hunger auf der Welt beseitigen könnte. Im Hinblick darauf kann man sagen, „die Welt ist verrückt". Solche Strukturen kann ich als Einzelner kaum ändern, aber diese Strukturen sind böse, und ich wirke daran mit, wenngleich nur geringfügig. Ich bin nicht hauptverantwortlich, aber doch ein kleines Stück weit mitverantwortlich.

Wie kommt nun ein Mensch zu Sündenbewusstsein?

Erstens, indem er die Menschheit kollektiv als schuldig erkennt, anhand mehrerer Hinweise: Wir achten auf die verbreitete Abwehrhaltung Gott gegenüber; auf die menschliche „Natur", die im Extremfall zu grauenhaften Taten fähig ist; und auf viele ungerechte Strukturen.

Und zweitens, indem der einzelne Mensch sich als Teil dieses Kollektivs erkennt.

10. Was fesselt mein Denken – und Handeln?
Eine Liste von Neigungen, die binden können

Stelle dir vor: Du bist in einem fremden Land unterwegs, auf einer Wanderung, und kommst in ein feuchtes Gebiet. Du gehst durch einen Wald. Und dann ... du versinkst im *Sumpf*.

Du sinkst immer tiefer, dich ergreift Panik, du versuchst zurück zu gehen, aber du weißt nicht mehr genau, aus welcher Richtung du kamst, die Bäume schauen überall gleich aus ... Während deine Füße nach festem Boden suchen und herumstrampeln, sinkst du immer tiefer ... Du fragst dich, wieso du dorthin kamst ...!?

In einer solchen Situation wäre es besser, einen Führer zu haben, aber das wolltest du nicht – du wolltest *Freiheit*.

Eine solche Freiheit ist eben auch mit Gefahren verbunden. Indem du – nur anscheinend, und nur vorerst – völlige Freiheit gewählt hast, kamst du in diesen Schlamassel. Nun, im Sumpf, empfindest du gar nicht mehr viel Freiheit ...

Wenn du in Begleitung eines Führers gegangen wärest, dann hätte dieser dir auch einige Freiheit gelassen; er ist gar nicht daran interessiert, dich ständig an der Hand zu führen. Aber dort, wo es sich um ein unübersichtliches Gebiet handelt, dort, wo es gefährlich ist, solltest du dich nahe am ortskundigen Führer halten.

Das war also ein Bild, das auf Gefahren aufmerksam macht. Solche werden von Paulus aufgezählt (in *Galater 5,19-21*). Diese Liste negativer „Werke" zeigt uns sehr deutlich: Wir sind umlagert von Versuchungen.

Am Ende dieses Abschnittes wird eine Warnung formuliert: Wenn du dich diesen Neigungen hingibst, dann entsteht eine Distanz zu jener Welt, in der Gottes Ideen bestimmend sind. Anders formuliert: Entweder wir versinken im Sumpf, wir geraten Schritt für Schritt unter die Herrschaft von Mächten und Gewalten, die den Menschen binden – oder wir kommen dorthin, wo Gott das Sagen hat.

Ist dir die Freiheit wichtiger als alles andere? – Und zwar *die Freiheit, im Sumpf zu versinken*?

In welche Richtung geht dein Leben? Die Frage geht nicht danach, ob du in deinem Verhalten der Fehlerlosigkeit nahe kommst, sondern ob du bestimmte Lebensbereiche von Gott fern hältst, so dass du dort immer mehr hinuntergezogen wirst? Oder ob dein Leben für das Regieren Gottes offen ist.

Wer in einem unbekannten Gebiet losmarschiert, kommt in Gefahren, z.B. in einen Sumpf. Übertragen wir dieses Bild auf das menschliche Leben – da läuft es leicht folgendermaßen: *Ein Fehltritt, und noch einer, und es wird zu einer Gewohnheit, und schließlich sogar zu einer Sucht.* Der Süchtige – das ist in meinem Vergleich jemand, der in einem Sumpf versinkt.

Worum kreisen deine Gedanken? Was beschäftigt dich, woran denkst du immer wieder? Gibt es Wünsche, die dich gefangen nehmen? Was sind die bestimmenden Kräfte in deinem Leben? Kennst du Neigungen, die dich in ihren Bann ziehen – und allmählich zu Bindungen werden?

In seinem Brief an die Galater spricht Paulus solche Neigungen an, die zu Bindungen werden können. Eine Bindung kann ähnlich wie ein Sumpf wirken.

In den vorigen Kapiteln ging es um das Thema „Sünde" grundsätzlich, hier werden wir nun konkreter und betrachten einzelne Sünden – diese Liste nennt insgesamt 15 „Werke". Viele Bibelübersetzungen schrieben hier von: „Werken des Fleisches". Wir könnten da auch sagen: *Auswirkungen* (oder *Ausformungen*) *ungebremster menschlicher Neigungen.*

Paulus zählt diese Werke im Rahmen einer Gegenüberstellung auf: Entweder das „Leben im Geist" oder das „Leben im Fleisch". Das hat aber nichts mit dem Gegensatz von *körperlich* und *geistig* zu tun, sondern: Das *Leben im Geist* ist ein Leben unter dem Anhauch Gottes. Das *Leben im Fleisch* ist das menschliche Leben in der Gottesferne, es ist ein selbstsüchtiges Leben. Wenn die menschlichen Neigungen ihren freien Lauf nehmen, dann steht das Leben eines Menschen unter einem großen Motto: *Ich – ich – ich!*

Die moderne Bibelübersetzung „Gute Nachricht" gibt das hier vorkommende Wort „Fleisch" so wieder: „wohin die menschliche Selbstsucht führt …" „Selbst*sucht*" – das meint nicht das natürliche und gesunde an-sich-selbst-denken, sondern ist eben eine „Sucht": im Mittelpunkt stehen ich und meine Anliegen, alles andere hat sich dem unterzuordnen. Das führt zu einer ungesunden Schieflage, und – wie eben auch sonst bei einer Sucht: Es ist mit Ängsten verbunden, speziell der Angst, zu kurz zu kommen.

Die Alternative ist: Dass ich offen bin für Gottes Einwirken und für Gottes „Dreinreden".

Diese einzelnen Neigungen lassen sich in vier Gruppen zusammenfassen: Sex, Religion, Gesellschaft und Ernährung. Betrachten wir diese Gruppen nacheinander!

Zur ersten Gruppe, Stichwort *Sex*: „Hurerei, Unreinheit, Ausschweifung".

Bei *Hurerei* steht im Griechischen ein Wort, von dem unser Fremdwort „*Porno*" herkommt; von daher kommen unsere Worte „Pornofilm" oder „Pornographie".

Die weiteren Worte in der Liste sind in ihrer Bedeutung nicht so klar; jedenfalls erinnern uns diese Worte daran, wohin es führt, wenn Menschen alle ihre sexuellen Neigungen ausleben. Die Folge kann sein: Sie suchen Abwechslung in Form wechselnder Partner, oder: Es kann zur Verbindung von Sexualität mit Gewalt kommen, oder Sexualität mit Kindern …

Ist das Freiheit, wenn du dich selbst nicht in der Hand hast, sondern handelst wie ein Getriebener?

Zur zweiten Gruppe, Stichwort *Religion*: „Götzendienst, Zauberei".

Götze ist alles, was in Konkurrenz zu Gott tritt. Das Wort für *Götze* ist *Idol*. Götzen sind Nebengötter, die religiös verehrt werden.

Es ist gut für uns, wenn wir uns Gott hingeben; die Götzen wollen unsere Hingabe an sie. Diese Hingabe erweist sich in vollster Form dort, wo jemand sein Leben hingibt. Hier ist an Menschenopfer zu denken. Davon sind oft junge Menschen betroffen, die vielleicht noch ein langes Leben vor sich hätten. Z.B. Selbstmordattentäter: manche meinen, damit Gott zu dienen. Bei jungen Menschen ist das ein wirkliches Opfer, denn sie hätten vielleicht noch ein halbes Jahrhundert zu leben gehabt! Diese Selbstmordattentate werden nicht von alten, sterbenskranken Menschen durchgeführt, die denken könnten: „Ist eh schon egal, für mich ist es sowieso bald aus".

Zu einem Götzen kann auch die eigene Begabung werden. Vielleicht kreisen deine Gedanken ständig darum, was du gut kannst, wann du deinen nächsten Auftritt hast … Dann stützt sich deine Identität auf diese deine Begabung. Oder, weniger elegant formuliert: Dein Selbstbewusstsein stützt sich vor allem darauf, dass du anerkannt wirst, dass du „wer bist".

Aber bedenken wir: Wenn es einmal auf die letzte Stunde zugeht, dann nützt uns *unsere besondere Begabung wenig, da zählt nur das eine: dass wir IHM gehören!* Da ist nur noch wichtig, dass Gott sagt: „*Du bist mein geliebtes Kind!*"

Das andere Wort: *Zauberei*. Dafür steht im Griechischen das Wort „*Pharmazie*"., das auch *Giftmittel* bedeutet, z.B. Rauschgift (hier sehen wir eine Verbindung zur Sucht).

Und auch hier ist es so: Junge Menschen werden quasi „geopfert", denn es sind die Jungen, die da hineingezogen werden. Ein 70-jähriger fängt nicht mehr an damit.

Zur dritten Gruppe, Stichwort *Gesellschaft* und menschliches *Miteinander* – oder eher Gegeneinander: „Feindschaften, Streit, Eifersucht, Zornausbrüche, Selbstsucht, Spalten, Parteibilden, Neid".

Hier gehören die meisten „Werke" dazu, nämlich mehr als die Hälfte: 8 (der insgesamt 15) „Werke" haben mit Feindschaft zu tun!

In diesem Bereich kann Vieles vorkommen: Etwa *Verbitterung* – bist du enttäuscht vom Partner? Oder wurdest du in deinem Beruf fertiggemacht? Aber aus der Angst heraus, keinen Job mehr zu finden, bist du geblieben, und musstest vieles einstecken.

Oder: *Aggressivität*, oder Jähzorn. Wir stehen in der Gefahr, dass wir unsere eigene Einschätzung verabsolutieren. In einem Konflikt ist das verhängnisvoll, wenn beide Seiten das tun. Wir ärgern uns dann über Andersdenkende.

Die *Angst, zu kurz zu kommen*, kann eingelernt sein, vielleicht schon seit der Kindheit. Das betrifft das Materielle (schon beim Kleinkind: Der Argwohn, dass der Bruder das größere Stück Torte bekommt …), aber das kann auch im nichtmateriellen Bereich gelten. Z.B. die Sorge um meinen Ruf, der Ärger über ungerechte Kritik. Ich fürchte darum, dass meine Leistung nicht entsprechend anerkannt wird … Da kommt mitunter Geltungsdrang herein.

Verbitterung: Bestimmte Erinnerungen kommen dir immer wieder, und du erinnerst dich: „Das, was er sagte, war verletzend", und das wird dann immer wieder aufgewärmt: Da liegt es an dir, dass du konsequent „abschaltest", sobald diese Gedanken wieder kommen.

Zur vierten Gruppe, Stichwort *Ernährung*: „Saufen, Fressen und Ähnliches."

Hier geht es wohl um übersteigertes Verhalten: Saufen und Fressen. Wenn das also bereits zur Sucht wird.

Die verschiedenen Begriffe in dieser Liste sind nicht konkret. Es werden keine Grenzen genannt. Es wird nicht genau erklärt, was auf diesem Gebiet erlaubt ist und was nicht. Es ist also keine Verhaltensanleitung. Es ist ein Spiegel für mich, durch den ich darauf aufmerksam werde, dass da was nicht stimmt bei mir. Bei einem solchen „Spiegel" sind offene Begriffe manchmal günstiger als genaue Definitionen. Vielleicht machen mir diese Begriffe etwas Wichtiges bewusst: Nämlich, dass ich meine Befriedigung nicht primär von Gott hole, sondern auf anderen Gebieten suche.

Solche Süchte stehen in Konkurrenz zu unserer Gottesbeziehung. Bei dem in dieser Liste genannten Götzendienst ist das offensichtlich, aber generell stellt sich die Frage: Wo ist mein Herz, worauf hoffe ich, wo suche ich meine Befriedigung, worin liegt meine Sicherheit? Worum kreisen meine Gedanken, was steht im Mittelpunkt? Ist es Gott – oder ein bestimmter Mensch, oder ein bestimmter (unerfüllter) Wunsch?

Durch unsere Beziehung zu Gott finden wir dauerhafte Befriedigung, während die genannten Handlungsweisen höchstens kurzfristiges Vergnügen bereiten: Aber sie hinterlassen danach Leere, die immer wieder neu gefüllt werden muss (oft: durch ein „mehr" und „stärker"). Wenn wir das mit bedenken, bringt uns diese einfache Aufzählung in *Galater 5* zurück zum Kern des Evangeliums.

Die genannten „Werke" können sich im Leben eines Menschen auch so massiv auswirken, dass man von einer „Sucht" spricht. Was ist eine Sucht?

Die bekannteste ist die Alkohol-Sucht. Es gibt auch eine Ess-Sucht, und das Gegenteil: eine Magersucht. Süchte können an etwas anknüpfen, das eigentlich gut ist, wie z.B. das Essen. Was wir dankbar genießen dürfen, kann im Extrem zu einer Maßlosigkeit führen.

Auch im sexuellen Bereich gibt es Süchte. Und beim menschlichen Miteinander, genauer: *Gegen*einander – daran erinnert uns das Wort „streitsüchtig". Es gibt noch viele weitere Süchte, z.B. Spielsucht oder Internetsucht. Manches, was zu einem Rausch führt (z.B. Geschwindigkeits-Rausch), kann auch zur Sucht werden.

Das Hineingeraten in eine Sucht ist wie das Versinken in einem Sumpf: Es geht immer tiefer hinein, und es wird immer schwerer, sich noch aus eigener Kraft daraus zu befreien.

Wie komme ich wieder heraus aus einer Bindung oder einer Sucht?

Das erste ist: Ich muss es mir selber eingestehen, wie meine Lage ist. Süchtige neigen zum Verdrängen: Sobald sie momentan gerade nicht diese Sucht praktizieren, meinen sie, dass sie die Sucht bereits überwunden haben.

Heraus komme ich so, wie ich hineingekommen bin: Durch viele einzelne Entscheidungen.

Das Problem dabei ist aber, dass ich als Süchtiger es aus meiner eigenen Kraft nicht schaffe. Daher ist es wichtig, dass ich mich an Gott um Hilfe wende.

Gegebenenfalls ist es wichtig, der Versuchung auszuweichen, indem ich den Bereich der Versuchung meide. Es gilt da, was man manchmal im Verkehrsfunk nach Meldungen über Unfälle und Staus hört: „Es wird empfohlen, großräumig auszuweichen".

Am Beginn brachte ich den Vergleich mit einer Wanderung in unbekanntem Gebiet, und vom Versinken im Sumpf. Solche Erfahrungen können wir vermeiden, wenn du – insbesondere in schwierigem Gebiet – von einem Führer begleitet wirst. Mit dem *Führer* meine ich *Gott*: er lässt uns Freiheit, er will uns nicht ständig an der Hand nehmen. Aber wo es gefährlich ist, sollten wir doch uns eng an Gott anlehnen, und auf eigene Ausflüge verzichten.

11. Die dunkelste Stunde im Leben Jesu
Wir dürfen uns beklagen – im Gebet

Im Alten Testament finden wir oft eine spezielle „Gebetsform", nämlich die *Klage*: In vielen Psalmen, im Buch Hiob, in den „Klageliedern Jeremias". Mitunter klingt eine solche „Klage" wie eine Beschwerde an Gott. Diese Praxis der „Klagepsalmen" verweist darauf, dass wir mit Gott offen reden und ihm sagen dürfen, wie wir uns fühlen.

Im Neuen Testament (abgekürzt NT) ergibt sich eine veränderte Perspektive. Nun wird kaum mehr geklagt. Nur einige wenige solche „vorwurfsvoll" klingende Klagen finden wir im Neuen Testament, eine dieser Klagen wurde von Jesus gerufen: „Mein Gott, warum hast du mich verlassen?!" Was da am Kreuz geschah, veränderte die Situation für uns: *Weil Jesus klagte, hört unser Klagen auf!*

Diesen Ausruf Jesu will ich jetzt genauer betrachten. Es war ungefähr 15:00 Uhr nachmittags:

Jesus schrie laut: „Eli, Eli, lema sabachthani?" D.h. „Mein Gott, mein Gott, warum hast du mich verlassen?" (Matthäus 27,45f)

Jesus sprach aramäisch. Nur einige wenige Sätze prägten sich den Zuhörern so stark ein, dass sie diese Sätze im aramäischen Wortlaut überlieferten. Und das ist einer dieser Sätze.

Jesus zitierte hier aus Psalm 22. Dort hieß es:

Mein Gott, mein Gott, warum hast du mich verlassen? Ich schreie, aber meine Hilfe ist ferne. Mein Gott, des Tages rufe ich, doch antwortest du nicht, und des Nachts, doch finde ich keine Ruhe.

Du aber bist heilig, der du thronst über den Lobgesängen Israels. Unsere Väter hofften auf dich; und da sie hofften, halfst du ihnen heraus.

Die Psalmisten erlebten Verfolgung und Krankheit, aber sie wussten: durch das alles können sie hindurchgetragen werden, mit Gottes Beistand. Der schrecklichste Gedanke für sie war, dass sich Gott abwenden könnte: David betet in einem Psalm: „Gott, verbirg dein Angesicht nicht vor mir" (Psalm 27,6). Und in dem bekannten Psalm 23 heißt es: „ob ich schon wanderte im finstern Tal, fürchte ich kein Unglück; denn du bist bei mir". Was auch immer passiert – Hauptsache, Gott ist bei mir!

Doch nun, am Kreuz, wird es anders: Nun wendet sich Gott von Jesus ab. Und was tut Jesus? In seinem bittersten Schmerz wendet er sich der Bibel zu, und findet dort das, was für seinen Zustand passt.

Das gilt auch für uns: Wir finden Bibelworte, mit denen wir jubeln und singen können; Bibeltexte werden zu Liedern. *Mit der Bibel können wir singen, mit der Bibel können wir aber auch weinen.* Wenn dir zum Weinen zumute ist, dann findest du Bibelworte, die mit dir weinen.

Jesus erlitt die Gottverlassenheit. Tiefste Einsamkeit, keinerlei Freude oder Hoffnung. Aber es gilt hier: *Ein Tiefpunkt des Menschen wird zum Wendepunkt der Weltgeschichte.*

Auf Jesu Frage „Warum hast du mich verlassen?" geben mehrere Briefe des Neuen Testaments Antwort, indem sie den Tod Jesu deuten: Warum musste Jesus sterben, und warum musste er in die Gottverlassenheit hinein? „Jesus hat selbst unsere Sünden hinaufgetragen an seinem Leibe auf das Holz." (1. Petrus 2,24)

Also, Jesus trug unsere Sünden, und nahm sie mit hinauf ans Kreuz. Und Paulus schrieb im Hinblick auf Jesus: „Gott hat den, der von keiner Sünde wusste, für uns zur Sünde gemacht." (2. Korinther 5,21)

Hier wird es also noch schärfer formuliert: Jesus trug nicht nur die Sünde, sondern er wurde selbst zur Sünde.

Gott sah nun Jesus als den Stellvertreter der Sünder an. Und vom Standpunkt des Sünders aus liegt die Heiligkeit Gottes in weiter Ferne. In diesem Moment, als Jesus die Sünde auf sich nahm, war Gott, so empfand es Jesus, gegen ihn (und somit fern von ihm). Gott, der die Sünde verabscheut, wendet sich von Jesus ab. Jesus konnte die Nähe Gottes nicht mehr spüren.

Eine außerordentliche Erfahrung für den Unschuldigen: Sünde wurde auf ihn gelegt, er wurde zum Sündopfer gemacht, er wurde behandelt, als sei er ein Schwerstverbrecher. Er hat unseren Platz eingenommen! *Er trug die Sünden der Sünder, darum musste er wie ein Sünder behandelt werden.* Unter der Last der Sünde musste er zusammenbrechen.

Auch wenn Jesus fragte: „Warum hast du mich verlassen?" – er wusste es, warum Gott ihn verlassen hat. Aber wenn er es wusste – weshalb fragt er dann noch?

Vielleicht kann man es damit vergleichen: Alle Menschen wissen, dass sie sterben werden. Aber auch wenn wir das wissen, gilt doch: Wenn es einmal soweit ist, dass das Sterben an uns herantritt, kann uns trotzdem ein Schrecken packen.

Und so war es wohl auch bei Jesus: Er *wusste* es zwar im Voraus, als es aber soweit war, ging der Schmerz ins Unerträgliche. Der *Mann der Schmerzen* wurde gepackt von ungeahnten Schrecken!

„Warum hast du mich verlassen?" Diese Warum-Frage ist gleichzeitig auch ein Hinweis, denn sie verweist auf eine Antwort. Auf das *Warum* folgt das *Darum*. Dieses WARUM ist wie ein heller Streifen am dunklen Horizont. Jesus wusste wohl, dass die Gottverlassenheit nötig war, damit die Schuldigen gerettet werden; deshalb heftete er seinen Blick auf diese Errettung. Seine Frage führte ihn zur Antwort, und er konnte denken: „DARUM hast du mich verlassen, und darum stehe ich diese dunklen Stunden jetzt durch, so hart sie auch sind."

Vielleicht stellte Jesus diese Frage weniger um seiner selbst willen, als vielmehr unseretwegen: Wegen der wenigen, die noch beim Kreuz standen, und wegen der vielen Generationen, die danach von diesem Ausruf Jesu lesen und dabei stutzig werden.

Was lernen wir aus Jesu Verhalten?

Wenn du Schmerzen hast, und meinst, dass du verrückt wirst vor Schmerzen, dann besinne dich auf deine Bibel! *Wenn du meinst, Gott hat dich verlassen, dann mache nicht deine Bibel zu, nein, öffne sie, wie Jesus es tat, und lass' dir DAS Wort schenken, das dir aufhilft.*

Und wenn du meinst, Gott hat dich verlassen, dann gib dein Vertrauen nicht auf, sondern nimm Jesus als Vorbild, und rufe: „Mein Gott!" Es können solche Augenblicke kommen, in denen ich nichts davon merke, dass Gott sich freut, wenn er mich anschaut. Aber trotzdem will ich auch dann festhalten an Gott – und glauben.

In seinem Verhalten ist Jesus uns ein Vorbild, auch in seinem Verhalten am Kreuz. Aber auch noch darüber hinaus sollte uns seine „Klage" zu denken geben. Jesu Schrei: „Warum hast du mich verlassen?" ist für uns eine Warnung vor Sünde!

Dieser Schrei geht durch die Geschichte, er warnt vor der Gottverlassenheit. Und er warnt vor der Ursache, vor der Sünde. Auf der Sünde liegt ein Fluch!

Wie stehst du dazu? Stehen dein Herz und deine Wohnung der Sünde offen?

Die Antwort auf Jesu Frage, sie kam, ohne viele Erklärungen, in einem kurzen Satz, den Jesus auch sprach, als er am Kreuz hing: „Es ist vollbracht!" Ein triumphierender Ausruf, ein Jubelruf! *„Ich habe es geschafft! Es ist vorbei! Es ist vollbracht!"*

Von Jesus sind insgesamt sieben Aussprüche überliefert, die er machte, als er am Kreuz hing. Die Frage „Warum hast du mich verlassen?" steht in der Mitte, ist der vierte Ausspruch.

Die sieben Aussprüche: am Beginn und am Ende redet Jesus Gott als seinen „Vater" an; beim ersten Ausspruch, als Jesus gekreuzigt wurde: „Vater, vergib ihnen ...", und beim letzten Ausspruch, als er starb: „Vater, in deine Hände befehle ich meinen Geist". Zuerst *vergibt* Jesus, schließlich *gibt* er seinen Geist an Gott. *Von der Vergebung zur Ergebung.*

Also, am Beginn Vergebung – danach sprach er mit einigen Menschen: Mit dem Mitgekreuzigten, mit seiner Mutter und mit seinem Jünger Johannes. Dann kommt dieser Verlassenheits-Schrei, danach „ich habe Durst", scheinbar ein triviales, banales Anliegen. Es ist bemerkenswert, dass die Berichterstatter so etwas genauso festhalten wie „gewichtige" Aussagen Jesu – sie wollen vor allem (zuverlässig) berichten, nicht deuten.

Eine mögliche Erklärung für diesen Hinweis auf seinen Durst ist folgende: Ein Gekreuzigter verlor viel Flüssigkeit, und wurde schließlich ohnmächtig, bis er starb. Vielleicht ging es Jesus darum, dass er eben nicht ohnmächtig hinüber gleiten wollte in den Tod; er wollte noch einmal eine letzte Stärkung haben, damit er sein Leben bewusst beendet, daher sagt er: „ich habe Durst", und er bekommt Essig zu trinken. Das ist eine Hilfe, nun kann er seine letzten Reserven mobilisieren, und er kann deutlich ausrufen: „es ist vollbracht", und dann noch: „Vater, in deine Hände befehle ich meinen Geist".

Jesus war ein Bahnbrecher, er hat uns den Weg zu Gott freigemacht. Das war nicht leicht, dafür musste Jesus durch die Gottverlassenheit, durch die Dunkelheit. Da ging Jesus durch, für uns, bis er schließlich rufen konnte: „Es ist vollbracht!"

12. Jesus starb „für uns"
Kann im Sterben das Neuwerden liegen?

Bei kirchlichen Begräbnissen wird oft gesagt: „Jesus starb für unsere Schuld". In vielen christlichen Büchern steht noch präziser, dass Jesus *stellvertretend* für uns gestorben ist. Wenn wir aber im Neuen Testament nach „Stellvertretung" suchen, finden wir diesen Begriff kaum.

Was wir oft finden, ist folgendes: Jesus starb *für* uns. Dieser Gedanke kommt in die Nähe der Stellvertretung, ist aber etwas breiter gefasst.

Oft wird es so ausgedrückt, dass Jesus unsere Strafe auf sich nahm. Aber Jesus machte nicht genau das durch, was unsere Strafe gewesen wäre. Es stimmt, dass uns Jesus *eine Last* abgenommen hat, aber diese Last bewirkte bei ihm etwas anderes, als sie bei uns bewirkt hätte. Uns droht ja die ewige Trennung von Gott. Und diese ewige Trennung von Gott hat Jesus nicht durchgemacht.

Was Jesus „für uns" übernahm, das ist die Trennung von Gott. Aber diese Trennung dauerte bei Jesus nicht ewig, sondern nur eine relativ kurze Zeit (vielleicht einige Stunden?), als er am Kreuz hing, bevor er starb.

Dass Menschen sterben müssen, ist die Folge der Sünde. Aber obwohl Jesus die Sünde (und damit auch deren Folgen, die Strafe für die Sünde) auf sich nahm, bleibt uns damit unser Sterben nicht erspart.

Es gibt Texte des Alten Testaments (abgekürzt AT), die im Neuen Testament wiederholt aufgegriffen werden. In einer Prophetie im Alten Testament sagt Gott über *seinen Knecht*:

> *„Er trug unsere Krankheit ... Er ist um unserer Sünde willen zerschlagen. Die Strafe liegt auf ihm, damit wir Frieden haben, und durch seine Wunden sind wir geheilt."* *(Jesaja 53,4f)*

Krankheit und Sünde wurden auf IHN gelegt. Die Christen – wie bereits im Neuen Testament erkennbar – verstanden diese Prophetie so, dass es hier um Jesus geht: Krankheit und Sünde wurden *auf Jesus* gelegt.

Im Neuen Testament wird auf diese Jesaja-Prophetie mehrmals verwiesen. Viele Kranke wurden zu Jesus gebracht, und Jesus heilte sie. Dann heißt es, damit erfüllte sich das von Jesaja Vorhergesagte, nämlich:

> *„Er selbst nahm unsere Schwachheiten und trug unsere Krankheiten."* *(Matthäus 8,16f)*

Vielleicht kann man sich das folgendermaßen vorstellen: Jesus zieht alle Krankheitskeime auf sich. Vielleicht so, wie ein Magnet die Eisenstäbchen anzieht. Jesus zieht alle Krankheitskeime der ganzen Welt auf sich und nimmt sie mit in seinen Tod, und damit sterben auch diese Krankheitskeime.

Das ist ja tatsächlich so bei vielen Krankheiten – wenn in einem Körper z.B. Krebszellen wuchern, dann bringen diese den Körper um, aber damit auch ihre eigene Lebensgrundlage. Ähnlich könnte es mit der Sünde sein – auch die „Sündenkeime" wurden auf Jesus gelegt, und er nahm diese in den Tod hinein.

Im Hinblick auf einen solchen Vorgang wäre es zutreffend zu sagen: Jesus starb *für* uns.

2-Stufen-Plan

Allerdings bleibt dabei noch ein ungelöstes Rätsel, nämlich: Warum ist die Wirkung von Jesu Sterben und Auferstehen nicht sofort universal sichtbar? Wenn doch nun alle Sündenkeime mit Jesus in den Tod genommen wurden, müsste die Sünde dann verschwunden sein?

Eine denkbare Antwort wäre: Gott will mit den Menschen zusammenwirken; d.h. Menschen sollen sehen, erleben, mitwirken ...

Gott könnte es auch anders machen; aufgrund seiner Macht könnte er vieles schlagartig verändern. Aber dabei würde uns manches nicht bewusst werden. Deshalb hat sich Gott für einen 2-Stufen-Plan entschieden. Jesu Sterben ist die erste Stufe, Jesu Wiederkommen ist die zweite Stufe. Wir leben jetzt in einer Zwischenzeit – und es ist tatsächlich ein Zwischen-Stadium: Manches erleben wir bereits, jedenfalls ansatzweise – aber vieles fehlt noch. Wir erleben Wunder, wir erleben Eingriffe Gottes – aber daneben erleben wir auch Niederlagen, und beobachten, wie Menschen sterben. Es ist eine Zwischenzeit, in der wir mit Gott mitwirken können, und hoffen auf den Tag, an dem Gott voll durchgreifen wird.

Hilft uns die Erinnerung an Jesu Sterben für uns? Beim Beten für Kranke mag der Blick auf *Jesu Auferstehung*, oder auf von Jesus damals durchgeführte Heilungen, ermutigender sein. Aber wenn es um Sünde und Bindungen geht, um Versuchung und Anfechtung, ist es wertvoll, sich daran zu erinnern, dass Jesus Sünde und Bindungen mit hinauf aufs Kreuz nahm. Wenn ich mich nun mit dem Leben und dem Sterben von Jesus eng verbinde, dann kann ich sagen: „Ich bin mit Jesus gekreuzigt". Der Blick aufs Kreuz lässt mich gleichzeitig erschrecken davor, mich auf eine Sünde einzulassen. Wo es doch unsere Sünden waren, die zu dieser dramatischen Kreuzigung führten.

Das Sterben Jesu am Kreuz wurde bereits im Alten Testament vorhergesehen. 700 Jahre vor dem Auftreten von Jesus sah der Prophet Jesaja weit in die Zukunft, indem er sagte: „durch *seine* Wunden sind *wir* geheilt". Seit Jesus ist der Grund gelegt, für einen Neubeginn, durch das, was Jesus auf sich nahm. „Durch seine Wunden sind wir geheilt" – vergessen wir es nicht! Lass dein Leben ein Bereich sein, in dem Gott diese Wahrheit veranschaulichen kann.

„Durch seine Wunden sind wir geheilt"!

Wie die Gottesbeziehung
auf das Leben einwirkt

Die Kapitel des dritten Blocks handeln von der konkreten Lebensgestaltung des Christen. Wie gestaltet er sein Leben, damit seine Gottesbeziehung auch ganz praktisch die zentrale Säule in seinem Leben werden kann?

Der Christ möchte *leben*, und dabei erweist es sich als enorme Hilfe, die Bibel zu lesen und zu erleben. Darauf weist das 13. Kapitel hin (*Ich lebe – von jedem Wort Gottes*). Um *zwei Arten des Bibellesens* geht es im 14. Kapitel (das besondere Augenmerk auf klaren Stellen – oder auf unklaren Stellen).

Im Bereich des Christentums gibt es eine große Vielfalt an Richtungen. Mit einigen Grund-Tendenzen setzte sich bereits Paulus auseinander, und er versuchte einen Weg zu weisen *zwischen Liberalen und Asketen* (15. Kapitel).

Gott wird oft als derjenige gesehen, der Forderungen stellt und dann gegebenenfalls belohnt bzw. bestraft. Aber im Vordergrund sollte etwas anderes stehen: *Gott arbeitet mit uns zusammen* (16. Kapitel). Das gilt auch für Gottes Forderung an uns, dass wir *anderen Menschen vergeben* (17. Kapitel). Gott will gerne helfen und unsere Wünsche erfüllen, aber dabei kommt es leicht dazu, dass sich unsere Aufmerksamkeit darauf einengt – und wir gar nicht erfassen, was Gott uns noch alles mitteilen will. Was soll Gott nun tun? *Gott im Zwiespalt*, so ging es bereits Jesus bei seinem öffentlichen Wirken (18. Kapitel).

Jedenfalls, Gott beachtet unser Beten und möchte darauf eingehen. Wenn wir in unserer Umgebung viele Probleme sehen, und an unsere zahlreichen Anliegen denken, werden wir leicht entmutigt. Da hilft uns die Erinnerung an frühere fruchtbare Erlebnisse mit dem Beten: Wir *beten „als Historiker"*, und sehen unsere Erwartung gestärkt durch den Blick auf die Vergangenheit (19. Kapitel).

13. Ich lebe – von jedem Wort Gottes!
Wirklich *leben* – ist das Bibellesen dazu eine Hilfe?

Die Bibel ist das meistübersetzte Buch der Weltgeschichte. Aber wird sie auch tatsächlich viel gelesen? Oder ist es eher so, dass viele Menschen es nicht so spannend finden, in der Bibel zu lesen?

In kommunistischen Ländern wurde die Bibelverbreitung unterdrückt, und Christen haben Bibelteile mit der Hand für sich abgeschrieben, weil sie meinten, sie brauchen wenigstens einen Teil der Bibel – für sie war die Beschäftigung mit Bibeltexten etwas, das zum Leben dazugehört. Solche Beispiele zeigen, dass die Bibel für manche Menschen sehr wertvoll wurde.

Wie wertvoll die Worte Gottes sind – davon hatte auch schon Jesus gesprochen: Jesus fastete lange in der Wüste, dann hatte er Hunger, und es trat eine Versuchung an ihn heran:

> *Der Versucher sagte: „Wenn du Gottes Sohn bist, dann befiehl, dass diese Steine zu Brot werden!" Jesus antwortete: „Es steht geschrieben: ,Der Mensch lebt nicht nur von Brot allein, sondern von jedem Wort, das aus Gottes Mund kommt'."* (Matthäus 4,3f)

Diese Versuchung klang so im Sinne von: „Du bist doch was Höheres, du hast es doch nicht nötig, Hunger zu leiden, du kannst doch deine Wundermacht einsetzen, um deine Bedürfnisse zu befriedigen, und um deutlich zu demonstrieren, wer du eigentlich bist …"

In seiner Antwort stützte sich Jesus auf *5. Mose*:

> *„Der Mensch lebt nicht nur von Brot allein, sondern von jedem Wort, das aus Gottes Mund kommt."*

Hier finden wir eine Einschränkung („nicht nur von Brot"), und eine positive Aussage: „von jedem Wort Gottes".

Etwas Ähnliches sagte auch einer der Anhänger Jesu. Jesus wurde damals von Tausenden Menschen umlagert, die viel von Jesus erwarteten. Jesus wollte dieser großen Menge deutlich machen, was sie von ihm erwarten dürfen, und was nicht. Jesus sagte ihnen, dass er nicht bloß ein Anführer ist, dem man sich anschließen kann, sondern dass die Lebensverbindung mit Jesus ganz eng sein muss. Das ging vielen Zuhörern zu weit, und sie verließen Jesus. Aber eine kleine Gruppe blieb Jesus treu, und Petrus erklärte, warum. Er sagte zu Jesus:

> *„Herr, wohin sollten wir sonst gehen? Du hast Worte des ewigen Lebens."* (Johannes 6,68)

Halten wir also fest: Was Gott sagt, bringt Leben, und das gilt auch für Jesu Worte.

Wenden wir uns noch einmal der Antwort von Jesus zu, und achten wir auf die darin enthaltene positive Aussage: „Der Mensch lebt von jedem Wort Gottes." Eine starke Aussage – leben von *jedem* Wort Gottes ...

Worte Gottes als Lebensmittel – als Mittel zum Leben. Wir wollen diese Aussage einmal durchbuchstabieren: Was heißt *Leben*? Versuchen wir es konkret zu machen, denn wir wollen diesen Satz nicht als eine religiöse Phrase behandeln ... Als eine Phrase, die weit abgehoben ist von unserem Alltag.

Was wünschen wir uns, wenn wir an *Leben* denken? Wir wünschen uns, dass wir frei sind von starken *Einschränkungen*. Wenn wir stark eingeschränkt sind – etwa durch Behinderung oder Krankheit, durch Gefängnis, durch Schmerzen (wenn ein Glied im Körper mir Probleme macht, oder wenn ich Depressionen habe, oder Liebeskummer): All das schränkt das Leben ein – mitunter so stark, dass es nicht mehr als „lebenswert" empfunden wird. Leben hat also stark mit Freiheit zu tun, mit dem Freisein von starken Einschränkungen.

Inwiefern finden wir nun *Leben* bei Gott? Indem er uns hilft bei solchen Einschränkungen, die wir erleben. Gott bietet uns *Kraft und Wunder* an, aber auch *Orientierung.* Z.B. bei einer Krankheit: manchmal tut Gott ein Wunder und heilt. Wenn ich jetzt um Heilung bete, dann ist es eine Ermutigung für mich, an eine Szene in einem Evangelium zu denken, in der Jesus geheilt hat. Und damit sind wir wieder beim eigentlichen Thema: *Das Wort Gottes bringt Leben.*

Manchmal ist es aber so, dass Gott nicht heilt, und ich muss mit meiner Krankheit leben. Dann ist *Orientierung* gut. Ich besinne mich dann darauf, was das langfristig Bleibende ist – nämlich die Beziehung zu Gott, nicht die körperliche Unversehrtheit. Ich erinnere mich an meine stärkste Hoffnung: Meine Hoffnung ist Gottes neue Welt. Bei einer solchen Rückbesinnung auf das Wichtigste ist das Wort Gottes sehr hilfreich.

Ich versuche nun aber noch etwas praktischer zu werden – wie könnte unser Umgang mit den Worten Gottes aussehen?

Erinnern wir uns an die Aussage von Jesus: „leben nicht nur von Brot". Dabei ist Brot wohl ein Sammelbegriff für Nahrung insgesamt. Jedenfalls nehmen wir Nahrung täglich ein. In dieser

Gegenüberstellung von Jesus könnte ein Hinweis darauf liegen, dass wir „Wort Gottes" immer wieder an uns heranlassen sollen.

Ein Beispiel: Die Ermutigung zu Gebet und Glauben brauche ich immer wieder. Wenn ich vor einem Jahr in der Bibel von einem Wunder gelesen habe, dann bin ich grundsätzlich *informiert*, aber stärker *motiviert* bin ich, wenn ich dieses Wunder unmittelbar vor Augen habe.

Wie kann ich dafür sorgen, dass es regelmäßig zu einem solchen Kontakt mit der Bibel kommt? Ein fixer Zeitpunkt ist dafür günstig, quasi eine „Insel" im Tagesablauf. Ein kleiner Tipp: Nimm dir dafür einen eher kurz bemessenen Zeitrahmen vor – oft wird es dann ohnehin länger, wenn es möglich ist und du dann gerade „drinnen" bist. Das ist günstiger, als wenn du dir von vornherein einen längeren Zeitraum vornimmst, z.B. eine ganze Stunde. Denn wenn du dir eine Stunde vornimmst, kommt es leicht dazu, dass du den Beginn dieser *Zeit mit der Bibel* aufschiebst, weil du an vielen Tagen denkst: „***Soviel*** Zeit habe ich jetzt nicht ...". Oder du denkst: „jetzt schaffe ich es nicht, genügend Aufmerksamkeit für diese große wichtige Sache aufzubringen, denn jetzt bin ich so zerstreut und abgelenkt, oder zu müde ...". Also verschiebst du es auf morgen ...

Angenommen, du nimmst dir fürs Bibellesen eine Viertelstunde täglich vor. Dafür gibt es dann verschiedene Gestaltungsmöglichkeiten. Falls du diese Viertelstunde dazu verwendest, um einfach fortlaufend zu lesen, dann kommst du in einem Jahr durch die ganze Bibel.

Die Bibel hat etwas mehr als 1000 Kapitel; ein Kapitel kann man in etwa 5 Minuten laut lesen. Halten wir uns das vor Augen – denn manchmal erscheint uns die Bibel als ein enorm umfangreiches Buch. Aber so dramatisch ist es gar nicht, denn z.B. ein Evangelium könnte ich in 2 Stunden lesen. Dazu ist aber eine moderne Übersetzung günstiger, da stolpere ich nicht so oft über schwer Verständliches. So eine moderne Übertragung ist nicht ganz genau, aber sie erleichtert das Gewinnen eines Gesamteindruckes – und darum geht es ja beim Lesen größerer Teile, z.B. eines ganzen Buches der Bibel. Wenn ich eine moderne Übertragung verwende, kann ich also leicht ein biblisches Buch im Ganzen durchlesen!

Normalerweise lesen Christen in der Bibel eher langsam und sorgfältig. Die normale „Ration" dabei ist etwa ein halbes Kapitel: In einem Bibelkreis wird an einem Abend ungefähr ein halbes Kapitel durchgemacht. Dabei kann man sich dem einzelnen Vers sehr genau zuwenden. Aber wenn man dann nach einigen Monaten mit dem biblischen Buch fertig ist, weiß man kaum noch, was am Anfang dieses Buches steht.

Das wäre also eine mögliche Umstellung: Eine zeitlang in der Bibel in größeren Abschnitten lesen. Dadurch bekommen wir Gesamt-Eindrücke, und wir können dann auch Fragen beantworten wie z.B.: *Was ist das Anliegen des Paulus im Kolosserbrief?*

Beim Bibellesen ist also mitzubedenken, auf welche Art ich die Bibel auf mich wirken lasse. Wenn es vor allem um die Aufnahme von Informationen geht – das passt, solange die Bibel mir noch eher unbekannt ist. Wenn sich das ändert, und die Bibel zu einem bekannten Buch wird, dann gilt es nachzudenken, ob ich die Art meines Bibellesens umstellen soll.

Hast du den Eindruck, dass das Bibellesen dich derzeit nicht mehr so stark reizt, wie das früher der Fall war? Das muss kein Hinweis darauf sein, dass du heute weniger geistlich bist. Vielleicht ist einfach eine Umstellung in der Art des Bibellesens dran.

Eine mögliche Umstellung erwähnte ich schon: Das Lesen größerer Abschnitte, um einen Gesamteindruck z.B. von einem bestimmten biblischen Buch zu erhalten.

Wenn ich von einer Umstellung spreche, dann meine ich nicht unbedingt, dass ich fortan nur noch diese bestimmte Art des Bibellesens praktiziere. Ich kann auch Verschiedenes nebeneinander machen, oder: einen Monat so, im nächsten anders …

Eine besondere Art, die Bibel auf mich wirken zu lassen, ist das Auswendiglernen. Dazu streiche ich mir wichtige Bibelverse an, und lerne dann einzelne Verse auswendig. Manche Bibelstudienprogramme haben hier einen Schwerpunkt.

Nun erwähnte ich schon das Stichwort *Bibel studieren*. Das kann bedeuten: Biblische Texte im Hinblick auf ein bestimmtes Thema lesen. Oder zu schwierigen Bibelversen einen Kommentar lesen. Solches *Studieren* ist wichtig, aber es ist kein Ersatz fürs *Meditieren*: Damit meine ich folgendes: Ich lese einen Text und lasse ihn auf mich wirken. Wenn ich eine Viertelstunde Zeit habe fürs Bibellesen und für den Tag gestärkt werden will, dann ist solches Meditieren passend. Fürs Studieren dagegen brauche ich mehr Zeit, außerdem ist das Ergebnis ungewiss. Denn es kann sein, dass ich nach einer Stunde solchen Studierens eher auf neue Fragen stoße, noch kaum auf Antworten. Oder vielleicht komme ich auf Teilantworten, aber vielleicht kaum auf etwas, was mich jetzt direkt für den weiteren Tagesverlauf ermutigt.

Was auch immer jetzt gerade dein Weg des Bibellesens ist: Die Frage ist dabei stets folgende: *Wie kommt das Leben zu mir?* Wie kann das, was in der Bibel steht, bei mir zur Wirkung kommen?

Das Leben liegt in den Worten Jesu (und überhaupt in Bibelworten) – aber wie kommt es zu uns? Wir können uns diese beim Beten vor Augen stellen. In diese Richtung weist uns folgende Aussage von Jesus:

„Gott ist Geist, und die ihn anbeten, müssen in Geist und Wahrheit anbeten." *(Johannes 4,24)*

Jesus antwortete hier auf die Frage, auf welchem Berg Gott angebetet werden soll. Darauf Jesus: Da Gott Geist ist, kommt es nicht auf eine bestimmte Örtlichkeit an. Wir beten Gott im Geist an. Und, wir beten Gott „in der Wahrheit" an – damit ist das *Wort Gottes* gemeint. Dieses sollte in unser Beten mit einfließen. Das heißt nicht, dass wir beim Beten *möglichst viele* Bibelverse verwenden, sondern eine Praxis, die wir mitunter in der Bibel selbst vorgeführt finden, z.B.:

„Mein Herz hält dir vor dein Wort: ,Ihr sollt mein Angesicht suchen.' Darum suche ich auch, Herr, dein Angesicht." *(Psalm 27,8)*

Dieser Psalm 27 entstand in folgender Situation: David war von Menschen verlassen. Er wandte sich an Gott: Er wollte im Haus Gottes sein und dort „die Freundlichkeit Gottes" erleben. So wie David können auch wir Gott quasi seine Worte vorhalten, und ihn – und vor allem uns selbst! – daran erinnern.

Finden wir einen praktischen Weg im Umgang mit der Bibel – einen Weg, wie er jetzt für uns passt! Wir können Gott darum bitten. Gott möchte diese Bitte erfüllen!

14. Zwei Arten des Bibellesens
Von der Neigung, sich auf unklare Bibelstellen zu konzentrieren

Was möchten Menschen haben? Wonach sehnen sie sich? Sie wollen: Erfolg, Anerkennung, Freundschaft, Wohlstand, Befriedigung ... Kurz ausgedrückt, geht es darum: Menschen möchten glücklich sein.

Im Schlussbuch der Bibel heißt es gleich zu Beginn: „glücklich, die dieses Buch lesen" (Offenbarung 1,3). Damals wurde meist laut gelesen, d.h. einer las vor, und die anderen hörten zu. Daher lautet die Formulierung hier im Originaltext: „glücklich/gesegnet der [vor]-liest und die hören ..."

Dieses letzte biblische Buch ist bekannt unter der Bezeichnung „*Offenbarung des Johannes*". *Offenbarung* heißt eigentlich *Enthüllung*. Wir empfinden dieses biblische Buch aber eher als rätselhaft und schwer verständlich. Wir erleben es nicht als „Enthüllung", sondern eher als „*Verhüllung*". Aber wieso werden wir dann *glücklich* genannt, wenn wir es lesen?!?

Es handelt sich hier eigentlich um – wie es am Beginn heißt – die „Offenbarung Jesu". Sie wurde Johannes mitgeteilt, der sie weitergab. Johannes war damals auf eine Gefängnis-Insel verbannt – und gerade dort hatte er ein besonderes Gotteserlebnis!

Wie können wir von diesem rätselhaften Buch profitieren? Ich möchte als Beispiel ein Kapitel daraus betrachten, und zwar Kapitel 4. (Es ist übrigens eines der kürzesten Kapitel der Bibel, es hat nur 11 Verse.)

Johannes schreibt als Beobachter. Er berichtet, was er sah und hörte. Er gibt jedoch kaum Deutungen dazu. Das gilt übrigens ähnlich auch für die Evangelien – sie beobachten (bzw. geben wieder, was Andere beobachteten). Sie schreiben z.B. nicht: „Jesus ist wunderbar, Jesus hat eine tolle Art ...". Sie geben kaum ihre Bewertungen oder Einschätzungen. Sondern sie beschreiben, was geschehen ist.

Sogleich wurde ich vom Geist ergriffen. Und ich sah: Ein Thron stand im Himmel, und auf dem Thron saß einer, der wie ein Jaspis und ein Karneol aussah. Und über den Thron wölbte sich ein Regenbogen, der wie ein Smaragd aussah. (4,2f)

Hier wird jemand beschrieben, der „auf dem Thron sitzt". Da ist sicherlich Gott gemeint, aber auch das wird nicht dazugesagt. Johannes beschreibt nur das unmittelbar Beobachtbare.

Und um den Thron waren 24 Throne, und auf den Thronen saßen 24 Älteste in weißen Gewändern, mit goldenen Kränzen auf dem Haupt. (4,4)

Wer sind die 24 Ältesten? Die Zahl 24 ist die Summe von 12 und 12. Es könnte hier also an 12 Stämme Israels sowie an die 12 Apostel gedacht sein. Es ist also vielleicht gemeint, dass hier 24 Repräsentanten sitzen, für das Volk Gottes im Alten und im Neuen Testament.

Wir stoßen hier auf Aussagen, deren Bedeutung nicht ganz klar ist. Etwa die Vergleiche mit den Edelsteinen, oder die Zahl 24. Als Bibelleser versuchen wir zu deuten, aber wir wissen nicht, ob unsere Deutungen stimmen. Bringt uns das weiter – wir lesen, versuchen Deutungen, die aber vielleicht gar nicht stimmen? Ich lasse diese Frage jetzt einmal so stehen.

Daneben gibt es in diesem Kapitel andere Aussagen, die recht einfach und klar sind: Im Himmel steht ein zentraler Thron, und es ist anzunehmen, dass Gott es ist, der auf diesem Thron sitzt. Da gibt es also manche Eindrücke, die so selbstverständlich sind, dass wir uns damit nicht weiter befassen.

Wir haben in der Offenbarung somit zwei Arten von Aussagen – einerseits schwer verständliche, die uns Mühe bereiten, und andererseits leicht verständliche, über die wir schnell hinweggehen.

Viele Bibelleser bleiben bei „schwierigen" Stellen in der Bibel hängen und denken über mögliche Bedeutungen nach, bei „einfachen", klaren Stellen dagegen lesen sie schnell weiter – denn da meinen sie ohnehin zu wissen, wie sie zu verstehen sind.

Wir könnten es ja auch genau umgekehrt machen: Dass wir nämlich schnell hinweggehen über das Rätselhafte, und dass wir länger verweilen bei dem, was wir sehr wohl verstehen. Denn auch wenn wir etwas intellektuell verstanden haben, so haben wir es deshalb ja noch lange nicht in unsere Lebenspraxis umgesetzt.

Diese Alternative wurde übrigens schon von dem amerikanischen Schriftsteller Mark Twain angesprochen; er schrieb:

> „Die meisten Menschen haben Schwierigkeiten mit jenen Bibelstellen, die sie nicht verstehen. Mir dagegen bereiten nicht die unverständlichen Bibelstellen Bauchweh, sondern diejenigen, die ich verstehe." (In: „The Wit and Wisdom".)

Beide Arten des Bibellesens sind wichtig: Das Studieren, d.h. das Hängenbleiben bei schwer Verständlichem, also bei unklaren Stellen; und das Meditative, dass ich also das, was ich verstehe, auf mich einwirken lasse; das, von dem ich möchte, dass es mich prägt.

Denn auch wenn ich in einem Bibeltext manche Einzelheiten nicht verstehe: Daneben gibt es viele verständliche Grundaussagen, die ich mitnehmen kann. Z.B. hier in Offenbarung 4: Bevor die folgenden Kapitel das Weltgeschehen betrachten, wird hier zuerst unser Blick auf das Zentrum des Universums gerichtet, von dem alles ausgeht. Dadurch zeigt sich: Obwohl Gott angebetet wird (wie in Kapitel 4), ist vieles in der Welt chaotisch (wie in den folgenden Kapiteln dargestellt).

Das gilt ja auch für die Christen heute. In ihren Gottesdiensten steht Gott im Zentrum, er wird angebetet. Und dann gehen sie hinaus aus dem Gemeindehaus – und die Welt hat sich nicht verändert, es gibt weiterhin viele Ungerechtigkeiten und viele Tragödien.

... vor dem Thron war etwas wie ein gläsernes Meer, gleich Kristall, und in der Mitte, rings um den Thron waren vier Lebewesen, voller Augen vorn und hinten.

Das erste Lebewesen war gleich einem Löwen, und das zweite Lebewesen war gleich einem jungen Stier, und das dritte Lebewesen sah aus wie ein Mensch, und das vierte Lebewesen war gleich einem fliegenden Adler.

Und jedes der vier Lebewesen hatte sechs Flügel, und sie waren außen und innen voller Augen, ... (4,6-8)

Hier hören wir also von 4 Lebewesen: Löwe, Stier, Mensch und fliegender Adler. In der christlichen Kunst wurden diese 4 Lebewesen den 4 Evangelien zugeordnet. In früherer Zeit gab es verschiedene Zuordnungen, aber allmählich setzte sich die Zuordnung des Hieronymus (um 400 n. Chr.) durch. Seine Zuordnung erfolgte aufgrund der Anfänge der Evangelien: Das erste Wesen, der *Löwe*, gehört zu Markus, weil sein Evangelium mit der Wüstenpredigt von Johannes dem Täufer beginnt (Markus 1,1-8). Der *Stier* gehört zu Lukas, weil dieser sein Evangelium mit dem Opferdienst des Zacharias beginnt (Lukas 1,5-25). Der *Mensch* gehört zu Matthäus, weil dieser mit dem Stammbaum Jesu beginnt (Matthäus 1,1-17). Der *Adler* verweist auf das Wort Gottes, das von oben in die Welt hineinkam, wie das im Vorwort des Johannesevangeliums beschrieben wird (Johannes 1,1-18).

Es wäre aber auch möglich, dass diese 4 Lebewesen Engel darstellen.

Manche Bilder der Offenbarung sind in ihrer Auslegung offen, vielleicht bewusst.

Lesen wir weiter, was über diese „Lebewesen" gesagt wird:

... und sie ruhen nicht, weder bei Tag noch bei Nacht, und rufen:

„Heilig, heilig, heilig ist Gott der Herr, der Allmächtige, der da war und der da ist und der da kommt." (4,8b)

Über Gott wird gesagt: „Er war, und ist ..." – dann würde man noch erwarten, dass da steht: „und er wird sein". Aber hier steht: „... der da kommt"! Gott ist ein Gott, der eingreift, nicht der distanzierte Gott der Philosophen!

Und wenn die Lebewesen dem, der auf dem Thron sitzt, und lebt von Ewigkeit zu Ewigkeit, darbringen Herrlichkeit und Ehre und Dank, dann werfen sich die 24 Ältesten nieder vor dem, der auf dem Thron sitzt, und beten den an, der da lebt von Ewigkeit zu Ewigkeit, und legen ihre Kränze nieder vor dem Thron und sprechen:

„Herr, unser Gott, du bist würdig, Herrlichkeit zu empfangen und Ehre und Macht; denn du hast die Welt erschaffen." (4,9-11)

Wie würden wir das heute formulieren? Würden wir das so sagen: „Du, Gott, bist würdig, Herrlichkeit und Ehre und Macht zu empfangen?" Ja, vielleicht. Aber manche von uns wollen ihre Gebete stärker in ihrer normalen Sprache formulieren. Dann beten sie vielleicht so: „So passt es: Dass dir Anerkennung und Autorität zugestanden wird."

Was bedeutet das bisher Gelesene für die vorhin erwähnten zwei Arten des Bibellesens?

Kapitel 4 hat beide Arten von Stellen, rätselhafte Stellen (z.B. fragen wir uns: Wer sind die „4 Lebewesen"), aber auch klare Stellen (z.B. der Anbetungsruf: „heilig, heilig ..."). Wir sollten auch bei den verständlichen Stellen hängenbleiben, und nicht schnell darüber hinwegeilen. Z.B. kann ich bei diesem Anbetungsruf über mehrere Fragen nachdenken: Warum steht dort 3mal „heilig"? Wenn ich selbst so etwas im Gebet sagen will – welche Worte könnte ich dann verwenden, welche Ausdrucksweise passt zu mir? Aber, noch grundsätzlicher kann ich mich fragen, wie ich selbst zu einer Haltung gelange, wie sie hier sichtbar wird ...

Die Offenbarung als eine Mahnung zum Beten. Treten wir ein, in diesen heiligen Raum, in dem wir Gott begegnen, und wo die eigentlichen Entscheidungen fallen!

Wir wollen glückliche Menschen sein. Gott möchte das auch, dass du glücklich bist. Und Gott gibt uns Hilfen dafür, Hilfen zum Glücklichsein. Das Buch *Offenbarung* gehört zu diesen Hilfen.

Lassen wir die Gedanken dieses Buches auf uns einwirken. Heute, und morgen – und bis Jesus kommt!

15. Zwischen Liberalen und Asketen
Christen schwanken zwischen Beliebigkeit und extremen Idealen

Wie sieht Gott das Körperliche? Hat es kaum Bedeutung? Ist es eher eine Gefahrenquelle?

Dieses Thema hatte seinerzeit auch die Christen in Korinth beschäftigt. Diese Gemeinde war von Paulus gegründet worden. Später bekam er Informationen aus Korinth, die z.T. beunruhigend klangen. Denn dort gab es extreme Positionen. Daraufhin schrieb Paulus einen Brief, den 1. Korintherbrief (ca. 55 n. Chr.).

Es gab dort *Liberale* – Paulus wendet sich an sie am Ende von Kapitel 6, und *Asketen* – Paulus setzt sich mit ihnen in Kapitel 7 auseinander.

Beide so entgegen gesetzte Richtungen werten das Körperliche ab: Die Liberalen als bedeutungslos, die Asketen als schmutzig, nämlich als moralisch schlecht. Es waren Extrempositionen!

Woher wissen wir, was jene Christen dort vertraten? Dass es Liberale und Asketen im Altertum gab – dafür haben wir viele Quellen. Und auch dafür, dass es solche Strömungen innerhalb der Christenheit gab. Aber was genau bestimmte Christen zu dieser Zeit in Korinth vertraten – dafür haben wir nur diesen Brief des Paulus. D.h. deren genaue Position erschließen wir aus der Argumentation des Paulus, indem wir jeweils fragen: Gegen welche Ansicht richtet sich dieses Argument des Paulus?

Paulus setzte sich auf folgende Weise auseinander: Zuerst, als Einstieg, nannte er das Thema, etwa indem er ein Schlagwort der jeweiligen Position anführte, und dann entfaltete er Schritt für Schritt seine eigene Meinung.

Liberale

Die liberalen Korinther scheinen die Meinung vertreten zu haben, dass es egal ist, was ich mit meinem Körper mache, z.B. in sexueller Hinsicht. Wie setzte sich Paulus damit auseinander?

Im Folgenden bezeichnen die eckigen Klammern in meiner Übersetzung aus dem 1. Korintherbrief meine Einschübe:

Ist mir alles erlaubt? [Nein!] Vielmehr [gilt:] Nicht alles ist nützlich.

Ist mir alles erlaubt? [Nein!] Vielmehr [gilt:] Ich will mich von nichts beherrschen lassen. (1. Korinther 6,12)

Mehrere neue Bibelübersetzungen setzen den Satz „Alles ist mir erlaubt" in Anführungszeichen: Die katholische Einheitsübersetzung, die *Hoffnung für alle*, und die *Gute Nachricht*. Sie verstehen den Einstieg als Aussage liberaler Korinther, nicht als Meinung des Paulus.

Hier stoßen wir auf ein grundsätzliches Problem: Die Autoren des Neuen Testaments verwendeten damals keine Satz-Zeichen, sie setzten kein Fragezeichen, ja nicht einmal einen Punkt am Ende eines Satzes. Und auch keine Anführungszeichen dort, wo sie zitieren. D.h. wir als Leser müssen selbst überlegen, wo es sich vielleicht um ein Zitat handelt.

Ich übersetze diese Stelle etwas anders, nämlich als Frage, in folgender Form: „Ist mir alles erlaubt?" Die Autoren des Neuen Testaments schrieben griechisch. Dabei kann man leider oft nicht unterscheiden, ob ein Satz als Aussage oder als Frage gemeint ist. (Das gilt für Fragen, die mit Ja/Nein zu beantworten sind.) Ob ich sage: „Es ist gut", oder ob ich frage: „Ist es gut?" – das lässt sich im Griechischen nicht unterscheiden. Im Deutschen könnten wir das, abgesehen vom Fragezeichen, bereits an der Wortstellung unterscheiden.

Solche Unsicherheiten tragen dazu bei, dass Bibelübersetzungen unterschiedlich formulieren. Wenn man als Bibelleser damit konfrontiert wird, so wirkt das verunsichernd. Tatsächlich liegt eine gewisse Unsicherheit beim Eindringen in fremdsprachige Texte – noch dazu in so alte.

Im vorliegenden Fall empfinde ich diese Unsicherheit nicht als dramatisch, denn bei einer Aufeinanderfolge unterschiedlicher Themen (wie im 1. Korintherbrief) ist es naheliegend, dass Paulus jeweils am Beginn das Thema nennt, und erst im Anschluss daran seine eigene Meinung darlegt.

Die in diesem Einstieg sichtbar werdende Fragestellung entspricht eigentlich nicht dem christlichen Zugang: Ob *alles* erlaubt ist, oder *vieles*, oder nur *wenig* … Dann könnte man eventuell eine Liste des Erlaubten und eine Liste des Verbotenen aufstellen: Aber der christliche Zugang ist grundsätzlich anders; als

Christ sage ich: „Ich habe eine Beziehung zu Gott, Ihm vertraue ich – und wenn Gott sagt, ‚Franz, das da ist schädlich für dich‘, dann lasse ich es bleiben. Nicht in erster Linie deshalb, weil es verboten ist, sondern weil ich Gott vertraue, dass er es gut meint mit mir.“

Wer das Christsein vor allem als Liste des Verbotenen sieht, entwickelt leicht ein negatives Gottesbild, etwa in folgendem Sinn: „Weil Gott mir den Genuss nicht vergönnt, darum verbietet er es …“ Genau das ist die klassische Versuchung!

Wie reagiert Paulus darauf? Er will die Andersdenkenden dort abholen, wo sie sind. Er hätte auch viel schärfer reagieren können, indem er etwa schreibt: „Das ist völlig falsch, was ihr behauptet, das ist Irrlehre!“ Damit wäre das Gespräch wohl zu Ende gewesen. Aber Paulus will sie gewinnen. Er lässt ihre Behauptung vorerst einmal stehen – und bringt dann Einwände:

Seine Einwände liegen etwa auf folgender Linie: „Was bringt es, so pauschal zu sagen: ‚Alles ist mir erlaubt‘, wenn es vieles gibt, was mir schadet?“ Und weiter sagt er: „ich will mich von nichts beherrschen lassen“. Tatsächlich besteht hier ja eine große Gefahr, denn wer eine bestimmte Sünde immer wieder und willentlich begeht, der gerät leicht in eine Bindung hinein. Die Antwort des Paulus besagt also folgendes: „Was bringt es zu betonen, dass mir *alles* erlaubt ist, wenn es viele Verhaltensweisen gibt, die mich letztlich versklaven? Dann kommen sie für mich sowieso nicht in Frage!“

Danach wird Paulus noch konkreter:

Sind die Speisen für den Bauch, und der Bauch für die Speisen [bestimmt]? (Und beides für die Vernichtung durch Gott.) (1. Korinther 6,13)

Wie ist der christliche Zugang zu *Bauch* und *Speise*? Nahrung nehmen wir mit Danksagung zu uns. Manche Christen haben die Gewohnheit, vor dem Essen ein Dankgebet zu sprechen. Darin drückt sich die christliche Haltung aus, indem das für uns scheinbar Selbstverständliche nicht selbstverständlich genommen wird.

Und der Bauch? Ihn so vom Körper zu trennen („der Bauch für die Speise“), das ist nicht der christliche Zugang. Der Bauch gehört zum Körper. Und der Körper?

Wie sieht Gott den Körper? Es ist nicht so, dass Gott deinen Körper ansieht und sagt: „Den werde ich vernichten!“ (So wie es aber in vielen Übersetzungen dieser Stelle klingt!) Das ist keine christliche Position – aber es könnte die Argumentation der liberalen Korinther gewesen sein.

Gott sieht deinen Körper an und sagt: „Na, ist das nicht ein Wunderwerk? Da ist mir doch etwas Großartiges gelungen!" Kannst du da Gott zustimmen? Oder denkst du anders, wenn du in den Spiegel schaust …?

Und gerade weil der Körper so etwas Phantastisches ist, ist es umso tragischer, dass dieser Körper auf den Verfall zugeht. Aber das ist ein Ergebnis einer Katastrophe – wir nennen diese den „Sündenfall" –, das war nicht die ursprüngliche Absicht Gottes.

Danach kommt Paulus auf das eigentliche Anliegen des liberalen Teils der christlichen Gemeinde in Korinth, zu ihrem freizügigen Umgang mit Sexualität. Dafür hat er hier am Beginn aber bereits wichtige Orientierungspunkte dargelegt.

Paulus antwortete mit dem 1. Korintherbrief ja auf einen vorhergehenden Brief der Korinther. Wenn die Korinther in ihrem Brief über mehrere, verschiedene Themen schrieben, dann ist es naheliegend, dass Paulus, wenn er sich einem bestimmten Thema zuwendet, jeweils am Beginn sagt, von welchem Thema er jetzt spricht. Oder noch genauer: Paulus muss sagen, zu welcher genauen Frage oder Behauptung der Korinther er jetzt Stellung nimmt. Von daher halte ich es für plausibel, den jeweiligen Einstieg in ein neues Thema bloß als eine Art Überschrift zu sehen, ohne zu erwarten, dass gleich hier am Beginn die Meinung des Paulus dazu ausgedrückt wäre.

Asketen

Nun, ab Kapitel 7, geht es also um die asketische Richtung unter den Korinthern. Paulus schrieb:

Nun zu dem, was ihr mir geschrieben habt: Ist es ideal für den Menschen, mit keiner Frau intim zu sein? (1. Korinther 7,1)

Der Einstieg bezieht sich auf eine asketische Position. Auf diese reagiert Paulus:

Wegen der [Gefahr der] Hurerei habe jeder seine eigene Frau, und jede habe ihren eigenen Mann. …

Das klingt sehr pragmatisch! Da ist nichts von Liebe, Gefühl und Romantik – bloß deswegen, damit ich nicht der Hurerei verfalle, soll ich heiraten? (Stellen wir uns einmal vor: Ein Mann wirbt um eine Frau und sie fragt ihn, warum er sie heiraten will, und er antwortet mit einer solchen Erklärung … ☺)

Warum dieser spezielle Hinweis auf die Gefahr der Hurerei? Das hat wohl folgenden Grund: Paulus argumentiert, er setzt sich mit Asketen auseinander, die meinen, dass Geschlechtsverkehr eigentlich zu vermeiden ist. Und diesen Briefpartnern versucht er klar zu machen – von ihrer Sichtweise ausgehend –, dass doch das andere noch schlimmer wäre: Zuerst asketisch leben wollen, das aber nicht durchhalten und dann in Hurerei fallen.

Das ist also nicht die allgemeine christliche Antwort auf die Frage, warum Christen heiraten. Aber es ist eine Antwort auf die Extremposition von Asketen.

Aber bevor wir jetzt zu einseitig werden, und nur die Romantik vor Augen haben: Es ist einfach eine Tatsache, dass viele Ehen wegen Hurerei oder Ehebruchs scheitern. Da geschieht vieles in der Praxis, und noch mehr geschieht im Kopf. D.h. wir sind in diesem Bereich gefährdet. Und da hat mein Ehepartner eine Aufgabe auch für mich. Insofern spricht Paulus hier einen wichtigen Gesichtspunkt an.

Unter Extremisten gibt es auch manchmal die Vorstellung von der „idealen Urgemeinde" (gleichzeitig werden dann die konkreten, gegenwärtigen Gemeinden scharf als *lau* verurteilt). Aber wenn ich diesen 1. Korintherbrief lese, habe ich nicht den Eindruck, dass „die Urgemeinde" überall so ideal war. Denn dieser 1. Korintherbrief wurde etwa 25 Jahre nach dem öffentlichen Wirken Jesu geschrieben, bezieht sich also durchaus noch auf die Anfangszeit der Christenheit. Es war eine *begnadete* Gemeinde – mit Gnadengaben, mit Charismen. Aber auch eine Gemeinde, die *Begnadigung* brauchte, aufgrund manches Versagens. Eine *begnadete* und *begnadigte* Gemeinde also!

Das Körperliche wird in der Bibel nicht abgewertet. Das, was Gott geschaffen hat, ist gut. Wir dürfen uns freuen daran, jetzt – und in aller Ewigkeit!

Jetzt gilt auch: Verherrliche Gott in deinem Körper. Mit deinem Körper hast du diese Chance … Gott möchte es schenken.

16. Gott arbeitet mit uns zusammen
Gott befähigt: Er gibt die sogenannten *Charismen*

Gott wirkt durch Menschen, die dafür offen sind, und er begabt sie. Solche Gaben von Gott heißen „Charismen". Im Neuen

Testament finden wir mehrere Auflistungen solcher Charismen; die längsten Listen finden wir in *1. Korinther 12* sowie in *Römer 12.*

Im Folgenden gebe ich meine eigene Übersetzung von *Römer 12,1-13*:

> *Brüder, angesichts der erfahrenen Barmherzigkeit Gottes appelliere ich nun an euch, ...*

Hier werden anscheinend nur die „Brüder" angesprochen. Das finden wir oft so in den Briefen des Neuen Testaments. Sind die Schwestern nicht auch mit gemeint? Sicherlich gehörten Schwestern zur Gemeinde, in der ein solcher Brief vorgelesen wurde. Also ist es auffällig, dass die Schwestern nicht angeredet werden. Folgende Erklärung scheint mir plausibel: Es gab im Griechischen keine gemeinsame Mehrzahlform, so wie es im Deutschen das Wort „Geschwister" gibt. Das griechische Wort für „Schwestern" heißt *„adelphai"*, unterscheidet sich also von *„adelphoi"* (Brüder) nur durch einen einzigen Buchstaben. Wo aber die männliche und die weibliche Form sehr ähnlich sind, begnügt man sich in der Mehrzahl oft mit der männlichen Form, um beide Geschlechter zugleich zu bezeichnen. Ähnlich war es bei uns jahrzehntelang, wenn von „den Studenten" geredet wurde. Wo die männliche Mehrzahlform gebraucht wurde, so waren damit genauso auch die weiblichen Studenten, also *Studentinnen*, mit gemeint. (Dass unbedingt sowohl die männliche als auch die weibliche Form genannt werden müssen, ist eine neue Tendenz.)

> *..., dass ihr euren Körper Gott bereitstellt als lebendes, heiliges, erfreuliches Opfer. Das ist euer vernünftiger Gottesdienst.*

Unser Christsein betrifft nicht nur unsere Seele, sondern auch unseren Körper. Was wir in dieser Welt tun und bewirken, tun wir durch unseren Körper. Vielleicht abgesehen vom Beten – hier können wir, auch in großer Entfernung, etwas bewirken, während unser Körper ziemlich passiv ist.

Gott will durch uns wirken. Dabei ist Gott natürlich übergeordnet. Wir stellen uns zur Verfügung für Gottes Pläne. Aber es handelt sich um ein „lebendes Opfer", also nicht um etwas Lebloses, nicht um eine Marionette. Gott will mit uns und unseren Neigungen und Fähigkeiten zusammenarbeiten.

Unser Leben als Gottesdienst! „Gottesdienst" bezeichnet also nicht bloß eine Veranstaltung – aber diese als „Gottesdienst" bezeichnete Veranstaltung soll eine Hilfe sein, damit unser ganzes Leben „gottesdienstlich" wird.

Und passt euch nicht diesem Zeitgeist an, sondern lasst euch umgestalten durch Erneuerung des Sinnes, damit ihr beurteilen könnt, was Gottes Wille ist, das Gute, Erfreuliche, Vollkommene.

Gott will mit uns zusammenarbeiten – mit uns, so wie wir sind. Allerdings gilt auch, dass wir Veränderung benötigen, eine *Metamorphose* – wie das Wort im griechischen Original lautet. Unser „Sinn" soll erneuert werden, unser Sinnen und Trachten: Das, worum sich unsere Gedanken drehen, unsere Ausrichtung. Da sollen sich Prioritäten verschieben.

Denn aufgrund der mir gegebenen Gnade sage ich jedem, der unter euch ist, dass er sich nicht überschätzen soll, sondern dass er sich angemessen einschätzt – wie Gott jedem das Maß des Glaubens austeilt.

Ich soll eine realistische Selbsteinschätzung in Bezug auf meine Glaubenserfahrungen gewinnen. Das von Gott Geschenkte, die Gnadengaben, soll ich verwalten – indem ich wahrnehme, was und wie viel bei mir vorhanden ist.

Denn wie wir an einem Körper viele Glieder haben, aber nicht alle Glieder dieselbe Tätigkeit haben, ...

Jedes Glied ist wichtig. Die Status-Unterschiede der Welt sollten für das Gemeindeleben keine Bedeutung haben. Zwischen den Gemeindegliedern soll es keine Status-Unterschiede geben, sondern bloß *praktische* Unterschiede – da die Glieder unterschiedliche *Praxis* (so das griechische Wort für „Tätigkeit") haben.

... so sind wir viele ein Körper in Christus, aber untereinander ist einer des andern Glied; und haben verschiedene Charismen *nach der uns gegebenen Gnade: ...*

Das Wort *Charisma* ist abgeleitet von *Charis*, d.h. Gnade. Ein Charisma ist also etwas aus Gnade Gegebenes.

Es folgt nun eine Auflistung von sieben „*Charismata*" (oder „*Charismen*"):

Sei es Prophetie – in Übereinstimmung mit dem Glauben, sei es Dienst – im Dienst, es sei der lehrt – in der Lehre, ...

Bei drei Gaben wird keinerlei Erläuterung gegeben, wie diese auszuüben sind, sondern bloß die Gabe nochmals wiederholt, z.B.: „Lehren – in der Lehre". Das klingt trivial. Paulus will durch diese monotone Wiederholung vielleicht betonen, dass mein Dienen dem entsprechen soll, was auch meine Gabe ist. Es geht also darum, sehr gründlich zu prüfen, worin ich ein Charisma habe, und meine Tätigkeit darauf zu konzentrieren. Im Gemeindeleben kann es leicht passieren, dass mich viele unbesetzte Aufgaben so in Anspruch nehmen, dass mir zur Ausübung meiner eigentlichen Gabe kaum noch Zeit übrigbleibt.

Die *Seelsorge* ist für jede Gemeinde hochwichtig. In der Bibel finden wir jedoch diesen Begriff nicht. Von der Sache her könnte unsere Seelsorge dem entsprechen, was ich im Folgenden als *Zusprechen* übersetzte. Hier steht jenes griechische Wort, das mit *Paraklet* zusammenhängt, d.h. es könnte auch *trösten, ermahnen* oder *ermutigen* bedeuten. Ich wählte das neutrale *Zusprechen* – das lässt offen, ob der Zuspruch eher ermutigend oder eher ermahnend ist:

... es sei der zuspricht – im Zuspruch; der Gebende – mit Einfachheit, der Vorsteher – mit Zuverlässigkeit, der sich Erbarmende – mit Freundlichkeit.

Die Leitungsgabe („Vorsteher") kommt in dieser Liste erst gegen Ende – jedenfalls nicht gleich zu Beginn. Wir finden hier keine Bestätigung für das in autoritären Gemeinden anzutreffende Bild, dass Leitungsgaben erhaben sind über die anderen Gaben – als ob die Leiter in der Gemeinde über eine besondere Vollmacht verfügen würden, die sich deutlich abhebt von den „normalen" Gaben „normaler" Gemeindeglieder. Die Gabe des Vorstehens ist *eine* Gabe neben anderen Gaben.

Wie sollen diese Gaben eingesetzt werden? Die nähere Erläuterung dazu ist sehr knapp gehalten. Wer etwas von seinem Besitz gibt, soll das „mit Einfachheit" tun. Das kann bedeuten: „in Schlichtheit", ohne großes Aufsehen zu erregen damit. Es kann auch bedeuten: „in Einfalt", d.h. ohne Hintergedanken, ohne sich irgendwelche Gegenleistungen zu erwarten dafür. Diese knappen Erläuterungen sind bloß Andeutungen, sicherlich keine detaillierten „Gebrauchsanweisungen" für die Ausübung der einzelnen Gaben. Darin lag hier wohl nicht die Zielsetzung des Paulus. Er wollte wohl auch nicht vollständig auflisten, was es alles an Charismen gibt. Paulus liefert hier eine knappe Skizze von Charismen. Warum? Vielleicht wollte er nicht so sehr die einzelnen Charismen erklären, sondern den Zusammenhang der Charismen mit unserer Halt*ung* (Vers 1f) und unserem *Ver*halten (Vers 9ff) aufzeigen.

Wer nach Charismen fragt, sollte nicht erst mit *Römer 12,6* zu lesen beginnen, sondern mit *12,1*: *Mein Körper als lebendes Opfer*. Denn damit beginnt es, das ist die Voraussetzung für alles weitere: Auch dafür, dass Gott durch mich und mit mir wirken kann.

Und auch zum Folgenden besteht eine Verbindung. Wir sollten, wenn wir im Neuen Testament von Charismen lesen, gleichzeitig immer fragen: „Wo steht da was von Liebe, und wo steht da was von Gebet?" *Liebe* – dieses Thema kommt nun:

Die echte Liebe:
Das Böse verabscheuend, dem Guten anhaftend, ...
(Römer 12,9)

Ab hier wird eine Reihe von Tätigkeiten beschrieben, mit Hilfe von Zeitwörtern. Von *„das Böse verabscheuen"* bis hin zu *„Gastfreundschaft gewähren"*. Am Beginn, bei der *Liebe*, steht jedoch kein Zeitwort. Da steht bloß „Liebe" und „echt". Das folgende ist dann die konkretere Beschreibung von Liebe, eine Art „Hohelied der Liebe".

... in der Geschwisterliebe einander herzlich liebend, an Ehre einander höher achtend, nicht zögernd im Eifer, brennend im Geist, dem Herrn dienend, fröhlich in Hoffnung, geduldig in Bedrängnis, ausdauernd im Gebet, sich der Nöte der Heiligen annehmend, Gastfreundschaft gewährend. (12,10-13)

Wenn es um Charismen geht, kommt auch die Liebe zur Sprache. Ohne Liebe haben Charismen wenig Bedeutung – das wird unter uns oft betont. Und wie ist es umgekehrt: Liebe ohne Charismen? Auch da würde Wesentliches fehlen: Denn unser Bemühen zu lieben greift oft zu kurz, es geht uns schnell die Kraft aus, und es passieren uns Fehler, es kommt zu Missverständnissen ... Damit Liebe gelingt, ist nicht nur guter Wille nötig, sondern auch Gottes Mithilfe.

Wo wir mit einem Idealbild vom christlichen Leben konfrontiert werden, neigen wir zu zwei Extremen. Das eine Extrem konzentriert sich auf den Menschen, der sich anstrengen soll. Eine solche Tendenz gab es im Mittelalter: Gutes tun als ein Weg, um Sünden wieder gut zu machen. Gottes Rolle wird dabei (im Extrem) auf die eines Zuschauers reduziert: Gott als Schiedsrichter, der den Menschen streng beobachtet, und Punkte verteilt (meistens Minuspunkte). Noch vor etwa einem halben Jahrhundert wuchsen viele Kirchenbesucher mit diesem Bild auf. Das andere Extrem konzentriert sich auf Gott, und betont Gottes Majestät und Souveränität: Demnach liegen alle wesentlichen Entscheidungen bei Gott, einschließlich der Vorherbestimmung zum Heil oder zum Verderben. Das wäre eine extreme Ausformung des Calvinismus.

Die ausgewogene Sicht liegt, wie auch sonst oft, in der Mitte. *Gott will mit uns zusammenarbeiten.* Weder kommt es nur auf den Menschen an, noch will Gott der alleinige Akteur sein.

Gott will mit uns zusammenarbeiten. Es liegt an uns, dass wir uns ihm zur Verfügung stellen – als „lebendes Opfer". Dann kann Gott eine Metamorphose an uns vornehmen, wir sind dann in der Lage, Gottes Willen zu erkennen. Gott kann uns Charismen anvertrauen, und diese Charismen helfen uns dabei, Gottes Vorstellungen von „Liebe" umzusetzen.

Gott sagt: „Ich habe viel mit dir vor!" Und er sagt auch zu dir: „Gehen wir es gemeinsam an".

Das ist gewissermaßen die Überschrift, wenn wir an das Thema Charismata denken: *Gott arbeitet mit uns zusammen.*

17. Anderen Menschen vergeben
Warum die Bereitschaft zu vergeben so wichtig ist

Welcher Abschnitt der Bibel ist der bekannteste? Es gibt viele gebräuchliche Redewendungen, die aus der Bibel stammen, z.B. „niemand kann zwei Herren dienen", oder „der Glaube versetzt Berge". Dabei handelt es sich um kurze Formulierungen, die Eingang in den allgemeinen Sprachgebrauch gefunden haben.

Es gibt aber auch einen längeren Text der Bibel, der allgemein bekannt ist, nämlich ein Text, der aus mehreren Sätzen besteht: Das *Vater unser.*

Im Matthäus-Evangelium steht das *Vater unser* in der Mitte der Bergpredigt. Daran hängte Jesus einen Kommentar an, und zwar zu einer einzigen Bitte: um *Vergebung.* Dieser Kommentar klingt sehr hart: „wenn ihr nicht vergebt, dann wird euch euer Vater auch nicht vergeben." (Matthäus 6,15) Das zeigt uns, dass es sich beim Vergeben um eine sehr wichtige Sache handelt!

Vergeben – wo ist das nötig? Ich hatte ein Erlebnis in meiner Schulzeit. Ich erhielt eine sehr feste Ohrfeige; diese Situation fiel mir später noch öfter ein, sogar noch Jahrzehnte danach, und dabei stiegen gleichzeitig immer auch Gefühle des Ärgers hoch ... Dann wurde mir bewusst: „Halt, da muss ich vergeben!"

Jedenfalls erkannte ich: Da habe ich noch nicht wirklich vergeben – das muss ich nachholen! Das tat ich. In der Folgezeit fiel mir dieses Erlebnis noch mehrmals ein, aber jedes Mal, wenn es mir einfiel, sagte ich zu mir folgendes: „Ich habe ihm vergeben." Und die Erinnerung daran wurde immer seltener.

Es handelte sich dabei eigentlich um eine Kleinigkeit, aber so ähnlich ist es bei manchen Erlebnissen, weswegen wir jemandem böse sind. Vielleicht war es eine ungeschickte Bemerkung des anderen – du hörst Kritik heraus, du hörst eine Geringschätzung heraus. Und du legst die Worte des anderen nun auf die Waagschale. Und dann kann es passieren, dass ein nebensächliches Ereignis – von dir gedanklich oft aufgewärmt – deine Beziehung zu einem anderen Menschen beeinträchtigt. Wenn es sich um eine vergleichsweise geringfügige Sache handelt, so hilft es beim Vergeben, das mitzubedenken – dann fällt das Vergeben leichter.

Aber manchmal handelt es sich um schwerwiegende Vorkommnisse, und da wäre es nicht der richtige Weg, ein solches Ereignis in seiner Bedeutung herabzudrücken, und sich gewaltsam einzureden, dass das ja gar nicht so wichtig sei.

Was alles passieren kann:
* Manche Menschen – auch einige unserer Vorfahren – waren Flüchtlinge, sie wurden vertrieben, sie mussten ihr Haus in ihrer Heimat zurücklassen. Wie geht der Vertriebene damit um?
* Eine Erbschaft ist oft eine heikle Angelegenheit: Wenn die Eltern ihren Kindern ungleich viel geben ...
* Der Partner verlässt dich, wegen einem anderen ...
* Ein Arzt hat einen Fehler gemacht, ohne böse Absicht; vielleicht war es Schlampigkeit, aber vielleicht ist ihm einfach ein Fehler passiert, so wie wir alle ab und zu Fehler machen ... Aber du warst nun das Opfer – oder bist es vielleicht noch immer!

* Eine ungerechte Kündigung: Du bist überzeugt, dass dieser Kündigung eine falsche Beurteilung zugrunde lag – aber die Macht war eben auf der anderen Seite. Das ist demütigend!

Es gibt dramatische Erlebnisse! Und da fordert der Bergprediger von dir: *Du musst vergeben!*

Aber er redet nicht nur davon, er tut es auch selbst: Nachdem Jesus ans Kreuz genagelt wurde, sagte er: „Vater, vergib ihnen" – das war der erste der 7 von Jesus am Kreuz überlieferten Aussprüche.

Wie wir an solchen Beispielen sehen:

Es gilt *nicht*: „vergeben" bedeutet „*bagatellisieren*". Es bedeutet nicht, zu sagen: „macht nichts, es war eh nur eine Kleinigkeit."

Was bedeutet vergeben außerdem *nicht*: vergeben bedeutet *nicht*, dass ich ein falsches Handeln gutheiße.

All die vorhin als Beispiele erwähnten Erlebnisse – ich werde sie nicht gutheißen, ich werde nicht sagen: „Das war eh in Ordnung".

Aber nun positiv: was bedeutet Vergebung tatsächlich? Wenn ich jemandem vergebe, dann sage ich: „Ich will ihm dieses Vergehen nicht mehr anlasten." Ob *Gott* diesem Menschen vergibt, ist damit noch nicht gesagt – denn dafür gibt es ja besondere Voraussetzungen, nämlich dass der Betreffende Mensch einen Wendepunkt erlebt. Er muss erkennen, dass er – insgesamt – Vergebung von Gott braucht … Aber, soweit es an mir liegt: Falls Gott dabei ist, ihm zu vergeben – von meiner Seite aus ist der Weg frei.

Aber dann gibt es noch eine weitere wichtige Unterscheidung: vergeben bedeutet auch nicht „vergessen". Ich komme nochmals zu meinem anfangs erwähnten Erlebnis mit der Ohrfeige: Das liegt jetzt 40 Jahre zurück, und dennoch habe ich es noch in Erinnerung.

Es ist zum Teil Zufall, was in Erinnerung bleibt, vor allem von nebensächlichen Ereignissen. Woran ich mich erinnere, das kann ich kaum gewaltsam auslöschen. Allerdings liegt es an mir, ob ich durch ein bewusstes Vergegenwärtigen meiner Aussage: *„ich habe vergeben!"* der Sache weniger Bedeutung gebe, oder ob ich die Erinnerung daran aktiv verstärke.

Manche Ereignisse werde ich mir aber sehr wohl merken, etwa wenn ich betrogen wurde: Ich will ja auf den Betrüger nicht nochmals hereinfallen. Das merke ich mir also auch dann, wenn ich dem Betrüger vergeben habe. *Vergeben* und *vertrauen* ist zweierlei.

Aber so ein bewusstes Merken ist eher die Ausnahme. Im Allgemeinen ist es so: Wenn ich jemandem vergebe, dann versuche ich auch, diesem Menschen so zu begegnen, dass dabei die Erinnerung an ein bestimmtes Erlebnis nicht hochgehalten wird. Vielleicht musst du jedes Mal, wenn dir dieses Ereignis wieder einfällt, sofort einen Gedankenstopp machen.

Hier sehen wir noch etwas, was *Vergeben* nicht bedeutet: Es geht nicht darum, dass du mit Gewalt *das Gefühl der Vergebung* herstellst. Es geht darum: Egal wie meine Gefühle momentan sind – ich *entscheide* mich dafür, zu vergeben. Und ich entscheide mich dafür, bei der Vergebung zu bleiben, wenn mir dieses Ereignis wieder einmal einfällt. Hier entscheide ich aktiv – die Gefühle können folgen. Auch das Gefühl der Verbitterung kann dann abnehmen und einmal ganz verschwinden. Aber wenn du ein solches Gefühl noch verspürst, bedeutet das nicht, dass du noch nicht vergeben hast.

Und noch etwas bedeutet *Vergeben* nicht unbedingt: nämlich *inaktiv sein.* Damit meine ich Folgendes: Es ist möglich zu vergeben und dennoch dazu beizutragen, dass die staatliche Gerechtigkeit verwirklicht wird. Die staatliche Rechtsprechung braucht z.B. Zeugen. Du hast miterlebt, wie dein Angehöriger verletzt wurde. Der Staatsanwalt bringt den Täter vor Gericht, und du bist als Zeuge geladen … Du hast dem Täter vergeben, aber dennoch darfst du aussagen, was du beobachtet hast, auch wenn das für den Täter die Wahrscheinlichkeit erhöht, bestraft zu werden.

Und wie ist das, wenn ich in einen Streit involviert bin – nicht als Zeuge, sondern als Streitpartei? Vielleicht bin ich derjenige, gegen den geklagt wird, oder vielleicht selbst derjenige, der klagt. Auch ein solches aktives Klagen schließe ich für einen Christen nicht kategorisch aus. D.h. ich kann vergeben und trotzdem eine Aufgabe erkennen, aktiv zu sein. Allerdings wird es dadurch schwieriger, meine Gefühle zu beruhigen. Mein Ärger über den „Gegner" wird durch das Fortbestehen der Auseinandersetzung leicht immer wieder aufgewärmt.

Hinter einer solchen juristischen Auseinandersetzung steht oft der Wunsch nach *Gerechtigkeit.* Bei einem solchen Wunsch müssen wir aber aufpassen, denn hier lauert eine Falle für uns, gerade für uns Christen, denen Gerechtigkeit wichtig ist. Denn unser „Erkennen" ist immer nur bruchstückhaft, manches wissen wir nicht, und unser Urteilen ist auch fehlerbehaftet.

Du denkst dir vielleicht: Wenn derjenige, der dir gegenüber schuldig wurde, wenigstens um Vergebung *bitten* würde, ... dann würde es dir leichter fallen zu vergeben. Ich bin der Meinung, dass du schon vorher vergeben solltest. Wenn du nicht vergibst, dann schadest du dir selbst. Der Täter denkt vielleicht schon lange nicht mehr an das betreffende Ereignis. Und genau das ist ja der „Skandal": Der Täter lebt vielleicht glücklich und unbeschwert – nur du leidest noch, und ärgerst dich immer wieder über das Erlebte ... Also, vergib – und lebe (auch) glücklich!

Das Vergeben ist also wichtig – für dich selbst. Aber wie wir im *Vater unser* hören: Auch *Gott* ist unser Vergeben sehr wichtig – so dass uns sogar angedroht wird, dass wir selbst keine Vergebung von Gott erhalten, wenn wir anderen nicht vergeben.

Warum findet Gott das Vergeben derart wichtig? Die Antwort ist folgende: Das Vergeben berührt das Zentrum der Botschaft von der Errettung. Wenn du vergibst – dann praktizierst du *Evangelium im Kleinen*!

Wenn ich zögere, jemandem zu vergeben, habe ich vielleicht wesentliche Aspekte des Evangeliums selbst noch nicht erfasst: Erstens, dass ich selbst ein Teil der sündigen Menschheit bin, und zweitens, dass die von Gott geschenkte Vergebung etwas Unverdientes ist.

Zum ersten: Wir selbst, ich und Du, sind ein Teil der sündigen Menschheit:

Vielleicht hast du deine eigene Sündhaftigkeit noch zu wenig erkannt. Durch dein Nicht-Vergeben drückst du folgendes aus: „Dieser an mir schuldig gewordene Mensch hat so Schlimmes getan, dass ihm eigentlich nicht vergeben werden sollte!" Nun weist Jesus darauf hin, dass dir von Gott viel mehr vergeben wurde, als was der an dir schuldig Gewordene dir angetan hat. (Matthäus 18,23-35)

Oft machen Menschen eine gedankliche Zweiteilung, im folgenden Sinn: *Dort* sind die bösen Menschen, *hier* die Guten – wobei jeder sich selbst zu den „Guten" rechnet. Es gibt hinsichtlich Haltung und Verhalten von Menschen zweifellos bedeutende Unterschiede. Aber eine so radikale Zweiteilung wäre eine Schwarz-Weiß-Malerei. Im politischen Bereich finden wir das oft: „Dort sind die schlechten Menschen, z.B. die Kapitalisten (oder: die Globalisierer, die Ausländerfeinde ... was auch immer), hier (mich eingeschlossen) sind die für das Gute Engagierten …" Wenn dein eigenes Denken von einer solchen Zweiteilung geprägt ist, dann denkst du vielleicht so: Den Guten – und auch dir – musste Gott ja nicht viel vergeben, es war quasi naheliegend für Gott, dass er diesem guten Teil der Menschheit, auf den er doch ohnehin stolz sein kann, das kleine Bisschen vergibt, was sie falsch gemacht haben. Aber dem anderen Teil der Menschheit, den Bösen, sollte Gott eigentlich gar nicht vergeben … Wenn du ein solches Bild hast, dann bist du selbst von einem Erfassen des Evangeliums weit entfernt!

Wenn ich anderen vergebe, dann gebe ich gleichzeitig zu, dass ich im Prinzip genauso bin wie die anderen Menschen. Ich bin ein Teil dieser Menschheit, die verlorengeht, ich brauche Vergebung ebenso wie die anderen Menschen.

Nun noch zum zweiten, die Vergebung Gottes *als ein unverdientes Geschenk*:

Hast du das Wesen der Vergebung erkannt? Jesus vergibt dir, obwohl du schuldig geworden bist. Ein Beobachter könnte sagen: „Das ist ungerecht! Dem wird die Schuld erlassen, einfach so!" Nun, es war nicht „einfach so" – es geschah, indem wer anderer deine Schuld auf sich genommen hat. Also ist es nicht ungerecht. Aber ein Kritiker könnte noch immer etwas einwenden: „Gott macht es dir aber leicht!" Ja, das stimmt. Du brauchst deine Schuld nicht selbst tragen. Gott macht es dir leicht – das ist das Wesen der Vergebung. Die Vergebung wird geschenkt, völlig unverdient. Wenn ich das erkannt habe, dann bin ich aber auch bereit, einem anderen Menschen das Gleiche zuzubilligen: Er ist an mir schuldig geworden; er hat die Vergebung nicht verdient, ihm wird die Vergebung (von mir) geschenkt.

Mir wird Vergebung von Gott … einfach geschenkt. Ganz einfach. Aber anders wäre es auch gar nicht möglich. Müsste ich mir die Vergebung selbst verdienen, ich würde es nicht schaffen. Es ist also nicht meine Anständigkeit, mein Engagement, mein Beten zu Gott – womit ich mir die Vergebung verdient habe. Die Vergebung ist nicht das wohlverdiente Resultat meines vorbildlichen Christenlebens. Vergebung ist einfach geschenkt.

Wenn es schwer fällt, dem Täter zu vergeben: bete für ihn! Wo du erkennst, dass er Veränderung braucht – bitte Gott darum, dass er ihn anrührt.

Gott selbst möchte das schenken! Wo Gott etwas verlangt von uns – dort hilft er uns auch dabei, das zu tun. Gott lässt uns auch nicht alleine, wenn es ums Vergeben geht!

18. Gott im Zwiespalt
Menschen sind fixiert auf die momentan benötigte Hilfe von Gott

Sieht so das Leben von Christen aus?

Sie werden niemals krank, und wenn doch einmal, dann genügt ein Gebet, und sie sind wieder gesund. – Eheprobleme kennen sie kaum, nur aus der Literatur wissen sie, dass es so etwas gibt. – Im Beruf gelingt ihnen alles, es geht ihnen alles leicht von der Hand, sie haben Ideen und ein Gespür für das was dran ist. Daher finden wir Anerkennung, der Chef ist hochzufrieden mit ihnen, versucht ihnen ab und zu eine Gehaltserhöhung aufzudrängen, sie lehnen das natürlich ab, aus Bescheidenheit, anfangs, da er aber so drängt, akzeptieren sie dann schließlich doch ...

Doch so sieht das Leben von Christen nicht aus. In Wirklichkeit läuft das Leben der Christen in Vielem ähnlich wie das Leben anderer Menschen. Da geht eben auch vieles schief.

Warum ist das so? Gott liebt uns – und trotzdem schaut er einfach zu, wie manches in unserem Leben danebengeht?

Stellen wir uns vor, es wäre so wie anfangs von mir beschrieben. Alles läuft wunschgemäß im Leben des Christen. Was wäre die Folge? Wenn das so offensichtlich ist, würden viele Menschen zur Gemeinde kommen und auch Christen werden. Menschen würden sich dem christlichen Glauben zuwenden und sagen, sie lieben Gott. Aber lieben sie ihn wirklich? Oder lieben sie vielmehr ihr eigenes Wohlergehen? Wenn *Liebe zu Gott* und *eigenes Wohlergehen* so eng gekoppelt sind, lässt sich das kaum noch auseinanderhalten.

Das könnte also eine erste Antwort auf die Frage sein, warum Gott es zulässt, dass in unserem Leben manches schiefgeht: Gerade in den Härten unseres Lebens haben wir in besonderer Weise die Chance, Gott zu lieben.

Im Leben Jesu sehen wir ein ähnliches Problem wie das eben beschriebene: Wenn Menschen merken, es ist nützlich für sie, die Nähe Jesu zu suchen, dann tun sie das. Aber nicht unbedingt deshalb, weil sie Jesus lieben, oder weil sie sich für die von Jesus präsentierte Botschaft interessieren: Sondern weil es ihnen bei einem aktuellen Problem nützt.

Das bedeutete schon damals ein Dilemma für Jesus: Er möchte den Menschen helfen – aber wenn er das tut, passiert es schnell, dass er darauf reduziert wird; die Aufmerksamkeit der Menschen neigt dann dazu, ihn auf diese direkte, aktuelle Hilfe einzuengen: Jesus ist dann *der Wohltäter und Wunderheiler*: Da soll er aktiv sein, und für alles andere, worum es Jesus eigentlich geht, gibt es dann seitens der Menschen kaum noch Aufmerksamkeit.

Betrachten wir im Blick darauf einige Berichte aus dem Markus-Evangelium.

In einer Synagoge war ein Mann, den ein Dämon im Griff hatte. Dieser erkannte Jesus und redete ihn als „Heiligen Gottes" an; Jesus befahl ihm zu schweigen und trieb den Dämon aus. Das sprach sich schnell herum (Markus 1,21-28):

Am Abend, nach Sonnenuntergang, brachte man alle Kranken und Besessenen zu Jesus. Die ganze Stadt Kapernaum hatte sich vor dem Haus von Simon und Andreas versammelt.

Am nächsten Tag ging Jesus sehr früh am Morgen hinaus, „um zu beten". Aber Jesus blieb nicht lange allein:

Simon und andere eilten Jesus nach [und sagten]: „Alle suchen dich!" (1,36-37)

Das klingt eigentlich erfreulich, dass „alle Jesus suchen". Aber damit war auch ein Nachteil verbunden: Es wurde schwer für Jesus, sich zurückzuziehen, um beten zu können.

Wir lesen dann, dass Jesus auch anderswo predigen wollte; vielleicht auch deshalb, weil er hier schon zu stark festgelegt war auf seine Funktion als Wunderheiler. In der Parallele im Lukas-Evangelium steht Folgendes: „Sie wollten ihn festhalten", Jesus sollte also nicht weiterziehen. Es wäre ja toll für so eine Stadt wie Kapernaum, wenn sie diesen Wunderheiler ständig hier haben, so quasi als ortsansässigen „Praktischen Arzt" ...

Hier prallen unterschiedliche Vorstellungen aufeinander. Jesus hat seine Ideen – und die Leute um ihn haben ihre Ideen. Zu einem kleinen Teil passen diese Vorstellungen zusammen, aber zu einem größeren Teil nicht. Jesus muss sich wehren, sonst werden ihm die Vorstellungen anderer übergestülpt!

Daher drängte Jesus auf Zurückhaltung beim Weitersagen der Heilungswunder:

Jesus spricht zum vom Aussatz Geheilten: „Sage niemandem etwas!" (Markus 1,44)

Es sollte sich nicht so stark herumsprechen: „Hier ist ein Wunderheiler."

Jesus konnte nicht mehr öffentlich in eine Stadt gehen. (Markus 1,45)

Es ergab sich ein Problem daraus, dass Jesus als Wunderheiler wahrgenommen – und dann darauf festgelegt wurde (nämlich insofern „festgelegt", als für andere Anliegen von Jesus keine Aufmerksamkeit mehr da war).

Die hier sichtbar werdende Neigung der Zeitgenossen Jesu ist etwas Allzumenschliches, und auch wir kennen das. Auch wir wenden uns ja stark an Gott mit unseren Wünschen. Jesus als Wohltäter – das soll er ja auch für uns sein. Und auch bei uns kann es vorkommen, dass dieser eine Aspekt alles andere überlagert. Wenn wir Jesus dann einmal nicht als Wohltäter erleben, indem er uns einen großen Wunsch nicht (oder jedenfalls nicht bald) erfüllt, sind wir von ihm enttäuscht …

Für Jesus war es also gar nicht so leicht, die Aufmerksamkeit der Menschen auf sein Haupt-Anliegen zu lenken – worin bestand dieses eigentlich? Es wurde in Jesu Auseinandersetzung mit Pharisäern erkennbar. Im ersten Moment konnte Jesus für einen Pharisäer gehalten werden – er war ein „Laie", kein Priester (sondern Zimmermann), er war schriftgelehrt … In manchen Situationen konnten Beobachter aber deutlich erkennen, worum es Jesus ging – und worin die wesentlichen Unterschiede zu den Pharisäern lagen.

Ein Gelähmter wurde von seinen Freunden durch das Dach heruntergelassen, so dass er vor Jesus lag.

Jesus sagte zum Gelähmten: „Kind, deine Sünden sind dir vergeben!" (Markus 2,5)

Die hier erkennbare Botschaft Jesu ist folgende: Nicht nur Körperliches ist wichtig. Der körperliche Zustand – ob gesund oder krank – vergeht im Laufe einiger Jahrzehnte sowieso. *Jesus geht es um etwas Dauerhaftes* (um „Nachhaltigkeit").

Und Jesus wollte hier wohl auch seine besondere göttliche Vollmacht zeigen. So hätte sich ein Pharisäer nicht zu reden getraut.

Ein weiterer wichtiger Unterschied wurde sichtbar, als Jesus seine intensiven Kontakte zu Zöllnern rechtfertigte:

„Nicht die Starken brauchen einen Arzt, sondern die Kranken." (Markus 2,17)

Das war die Devise Jesu: *Gegen die Sünde, aber für den Sünder.* Jesus ging es um alle Menschen, er schrieb niemanden ab. Der Weg, wie mit Sündhaftem umgegangen wird, war bei Jesus ein völlig anderer als bei Pharisäern. Er distanzierte sich nicht von jenen, die als Sünder galten. Das brachte ihm viel Kritik ein, denn für die Pharisäer schien es, dass sich Jesus mit den Sündern identifizierte.

Und die Beobachter sollten auch nicht einfach denken, Jesus sei vor allem ein Wunderheiler. Sein Anliegen ging über die – vorübergehende – Heilung körperlicher Krankheiten hinaus. Aber genau darauf fixierten ihn seine Zeitgenossen:

Jesus heilte viele, so dass alle Leidenden sich auf ihn stürzten, um ihn zu berühren. (Markus 3,10)

Deshalb – um wenigstens kurze Zeit zu den Menschen reden zu können, ohne gleichzeitig stark bedrängt zu werden – stieg Jesus in ein Boot, um von dort aus zu den am Ufer zuhörenden Menschen zu reden.

Einmal kam es zu einer Diskussion über die Befreiung Besessener. Damals waren Schriftgelehrte aus Jerusalem anwesend, wohl als „Gutachter". Sie sahen das von Jesus gewirkte Befreiungswunder, aber sie deuteten es anders – Jesus sei mit Satan verbündet. Jesus argumentierte dagegen:

„Wie kann der Satan den Satan austreiben?" (Markus 3,23)

Das zeigt: Wunder erzwingen keine Bekehrungen, sie sind kein Beweis – denn sie müssen gedeutet werden! Wunder können zwar durchaus bedeutsam sein, um die christliche Botschaft zu unterstreichen, aber sie schaffen beim Beobachter noch keine Klarheit. D.h. die Bedeutung von Wundern darf auch nicht überschätzt werden.

Unsere Haltung in Bezug auf das Erleben
und Nichterleben von Wundern

Wie geht es Christen, wenn sie ein Wunder Gottes erleben? Und wenn etwas schief läuft, und sie erleben *keine* Hilfe Gottes?

Beginnen wir mit unserer Grundhaltung: Wie geht es uns insgesamt, auf längere Sicht gesehen?

Du siehst, wie es anderen Menschen geht – bei ihnen läuft vieles schief. Und dann beobachtest du dich selbst, auch bei dir läuft vieles schief. Dann könnte der Gedanke aufkommen: Da ist kein Unterschied, ob jemand an Jesus glaubt oder nicht. Dieser Gedanke ist aber falsch! Warum? Der Christ hat Vorteile. Erstens die *Geborgenheit*. Auch wenn manches nicht klappt, und wenn uns manche Unsicherheiten beschäftigen. In Gott können wir uns geborgen fühlen. Und noch etwas: Wir haben *Hoffnung*, denn wir hoffen auf Gottes neue Welt. Eine Welt, die viele Jahrhunderte andauert, ohne Ende – im Blick darauf fällt es leichter, einige harte Jahre hier auf der Erde durchzustehen. Daher wäre es falsch zu denken: Uns Christen geht es letztlich genauso wie dem Nichtchristen. Das stimmt selbst dann nicht, wenn wir in Problemen stecken und kein Eingreifen Gottes erleben. Denn, was wir auf jeden Fall haben, sind die Geborgenheit und die Hoffnung.

Soviel zur Grundhaltung, aber jetzt zu konkreten Situationen. Wie gehen wir damit um, wenn Gott ein Wunder tut? Nehmen wir an, du hast ein Problem; dann betest du und erlebst Gottes Hilfe. Mitunter kommt es vor, dass du diese Hilfe bald vergessen hast – weil dich das Problem, das du davor hattest, nicht mehr bedrückt. Denn z.B. die Krankheit spürt man, etwa in Form von Schmerzen, die Gesundheit dagegen „spürt" man nicht, man nimmt sie schnell als selbstverständlich!

Wie *sollten* wir mit einem solchen Erlebnis umgehen? Ein Wunder ist ein Zeichen, oder schärfer ausgedrückt: ein Signal. Das sollte ich ernst nehmen! Die Frage, die sich bei einem erlebten Wunder stellt, ist: Was lerne ich aus so einem Signal? Was will Gott mir damit zeigen? Ich sollte da nicht schnell zur Tagesordnung übergehen. Ein erlebtes Wunder ist ein Signal, das über die momentan gewünschte Hilfe hinausweist; das Wunder ist ein Hinweis auf die Realität der unsichtbaren Welt. Diese existiert tatsächlich, und unsere Hoffnung auf Gottes neue Welt ist begründet. Ein solches Wunder ist auch ein Signal, ist ein Hinweis darauf, dass Gott auf dich achtet. Das halte fest, vergiss es nicht!

Nun noch die andere Möglichkeit: Angenommen, du hast ein Problem, aber Gott greift nicht ein. Wie gehen wir damit um, wenn Gott anscheinend nichts tut? Denken wir nur: Da wäre nun Gott dran, da sollte endlich Gott was tun …? Oder, selbstkritischer, denke ich vielleicht so: Hier bin ich dran, ich müsste mehr beten oder fester glauben, damit Gott hier ein Wunder tut? Darüber kann ich natürlich nachdenken – aber daneben gilt auf jeden Fall noch etwas anderes.

Wie *sollten* wir mit einer solchen Situation umgehen? Grundsätzlich sollte ich mich darauf einstellen, dass uns manche Härten begleiten, vielleicht eine lange Zeit hindurch. Es ist wohl wichtig, dass wir als Christen nicht völlig herausgehoben sind aus diesem Weltlauf mit seinen oft harten, ungerechten Schicksalen. Eine solche Situation kann eine besondere Gelegenheit sein, um meine Liebe zu Gott auszudrücken. Gerade in den Härten, die wir erdulden, können wir zeigen, dass wir Gott lieben. Dass wir also Gott nicht nur lieben als Wohltäter und Wunderheiler, sondern auch, wenn er momentan anscheinend nichts tut. Ich stelle mir das so vor: Wenn Gott dir gegenübertritt mit einem hohen Stapel an Geschenken, und du umarmst ihn – dann weiß niemand so genau, ob du jetzt eigentlich Gott umarmst oder die vielen Geschenke. Aber wenn Gott dir gegenübertritt quasi mit leeren Händen, und du umarmst ihn – dann ist klar, dass du *ihn* liebst.

Zwei Möglichkeiten in konkreten Fällen (ein Wunder geschieht – ich erlebe keine Hilfe), und eine Grundhaltung über längere Zeit hinweg: Wie ist unser Verhalten? Sollten wir uns umstellen?

Jesus, der Wunder tut: Halten wir an ihm fest!

Wenn er ein Wunder tut – dank sei ihm, für die konkrete Hilfe, vor allem aber für diese besondere erlebte Gnade. Dafür, erleben zu dürfen, wie sich der Himmel ein Stück weit öffnet.

Und, wenn er, der Wunder tut, gerade nichts tut (soweit das für uns erkennbar ist): Das ist deine Chance, ihm zu sagen, wie sehr du ihn liebst: Dass du vor allem ihn selbst liebst, und nicht vor allem seine Geschenke!

19. Geschichtsbewusst beten
Der Rückblick auf frühere Gebetserhörungen ermutigt

Sich der Vergangenheit bewusst sein – das kann beim Beten helfen: Wenn wir uns beim Beten daran erinnern, was Gott in der Vergangenheit getan hat: Gemäß den Berichten der Bibel, und auch: Was du in deinem eigenen Leben erlebt oder beobachtet hast.

Durch dieses Erinnern gewinnen wir Hoffnung auch für unsere aktuellen Bitten. Darum geht es also: Beten im Bedenken von Gottes Wundern.

Hier geht es speziell um das *Bitten*. Zum Gebet insgesamt gehört ja eigentlich mehr, neben dem Bitten auch Danken und Anbeten.

Die Frage an uns ist: „Betest du *wirklich*?" Nicht: „Kannst du beten?". Es geht speziell um das Wörtchen *wirklich*. Beten wir so, dass durch unsere Gebete etwas be*wirkt* wird? Wie sieht es mit den *Ergebnissen* bei unserem Bitten aus? Was zeigt *der Test der Realität*?

Viele Christen empfinden die Ergebnisse ihres Betens als teilweise enttäuschend. Und an diese Ergebnisse – oder „Nicht-Ergebnisse" – denke ich bei der Frage: „Bete ich *wirklich*?", oder vielleicht genauer: „Bete ich wir*sam*?".

Manche Christen führen eine Gebetsliste, und streichen an, was bereits erfüllt ist. Sie sehen dann, bei wie vielen Anliegen bereits etwas geschehen ist und können überprüfen, was die Regel ist: Die Gebetserhörungen – oder die gleichbleibenden, unveränderten Anliegen.

Einer von Jesu Jüngern sagte einmal zu ihm: „Herr, lehre uns beten" (Lukas 11,1). Wir wissen nicht, ob die Jünger irgendwann einmal zu Jesus z.B. auch sagten: „Lehre uns predigen", oder: „lehre uns heilen", oder „lehre uns, andere zu lieben". Nur in Bezug auf das Beten ist diese Frage überliefert. Haben wir auch – wie die Jünger – den Eindruck, dass wir beim Beten dazulernen sollten? Ist das auch unser Anliegen – „Herr, lehre uns beten!"?

Der „Hauptzweck" des Betens ist nicht, dass mein Wunsch erfüllt wird, sondern dass ich Gott näherkomme. Es geht darum, dass ich beim Beten Gott begegne. Dementsprechend soll mein Beten mit *Glauben* verbunden sein. Ich soll mit Erwartung beten; mit einer Erwartung, die der Größe und Fürsorge Gottes entspricht.

Was stärkt unseren Glauben? Und umgekehrt gefragt: Was dämpft unseren Glauben?

Eine Antwort ist: Der Blick auf die vielen Probleme, die uns bewegen, kann niederdrückend sein. Und oft beginnen Gebetsgemeinschaften genau so – mit dem Sammeln von Anliegen. Dann werden, der Reihe nach, Gott die einzelnen Probleme vorgetragen. Aber wenn wir beim Beten viele Probleme als Gebetsanliegen aneinanderreihen, werden wir immer mehr niedergedrückt. Weil das Betrachten der Probleme eine eher *ent*mutigende Wirkung hat.

Wir sehen die Probleme, und werden dadurch niedergedrückt. Was ist die Alternative? Nur wenn wir den Blick auf Gott richten, werden wir wieder gestärkt: *Wir finden neuen Mut bei Gott.*

Aber du sagst: „Wenn wir beten, wenden wir uns doch sowieso an Gott?!" Ja, stimmt, dabei wenden wir uns an Gott, aber während wir mit Gott reden, denken wir an die Probleme. Ich habe den betreffenden Menschen quasi vor meinem geistigen Auge. Und sein Problem, vielleicht seine Krankheit …

Was ist die Lösung? Beim Beten wenden wir uns an Gott. Und dabei sollten wir nicht nur auf die Probleme schauen, sondern wir sollten vor allem auf Gott schauen! Denn bei Gott finden wir neuen Mut. Daher ist es wichtig, den Blick auf Gott zu richten, *ihn* anzuschauen. Das ist „Glaube" – dass ich auf diesen großen Gott blicke!

Mit dem „Gott anschauen" haben wir aber unsere Schwierigkeiten. Können wir Gott überhaupt „anschauen"? Gott ist doch unsichtbar? Jesus sagte, „Gott ist Geist" (Johannes 4,24). Tatsächlich, Gott ist unsichtbar. Die sichtbare Welt ist etwas Geschaffenes. Wir sagen manchmal: „Gott ist verborgen". Aber Gott muss sich nicht extra „verbergen"; Gott ist eben kein Teil der sichtbaren, geschaffenen Welt – Gott war schon vorher. Gott *ist*. Das Sichtbare ist eine besondere Form des Existierenden. *Gott schuf Gegenstände, und er schuf Sinnesorgane, die diese Gegenstände wahrnehmen können.* Dadurch kommt es zum Sehen und Hören. Aber Gott ist kein Teil dieser sichtbaren Schöpfung. Somit heißt es: „niemand hat Gott je gesehen" (Johannes 1,18).

Gott kann eine sichtbare Gestalt annehmen, diese Gestalt können wir dann sehen. So z.B., als Jesus auf die Erde kam. Aber Gott ist nicht identisch mit dieser sichtbaren Gestalt. Zwar sagte Jesus: „Wer mich gesehen hat, hat den Vater gesehen" (Johannes 14,9). Damit ist aber kaum gemeint, dass das Aussehen des Menschen Jesus seinen Zeitgenossen besondere Information über Gott vermittelte.

Hier müssen wir einen Unterschied zwischen der griechischen und der hebräischen Denkweise beachten. Schon durch die Kirchenväter, aber dann auch durch Humanismus und Aufklärung ist unsere Bildung in Europa stark vom griechischen Denken her geprägt. Der Grieche fragt nach dem *Wesen*, nach dem *Sein*. Der Hebräer dagegen fragt nach dem *Tun*. Der Grieche fragt: „Wie *ist* Gott?", der Hebräer fragt: „Was *tut* Gott?" Der griechisch geprägte Kirchenvater sagt ungefähr folgendes: „Gott ist allmächtig, Gott ist allwissend, Gott ist dreieinig ..." Hier geht es um Gottes Eigenschaften, um Gottes *Wesen*. Für den Hebräer ist das anders. Im Alten Testament stellt Gott sich oft unter Hinweis auf die Geschichte vor, etwa in der Einleitung zu den 10 Geboten: „Ich bin der Gott, der euch aus Ägypten geführt hat" (2. Mose 20,2). Oder bei der Berufung des Mose: „Ich bin der Gott deines Vaters, der Gott Abrahams, der Gott Isaaks und der Gott Jakobs" (2. Mose 3,6) – d.h. soviel wie: „ich bin der Gott, der Abraham geführt hat und bewirkt hat, dass er mit seiner Frau noch einen Sohn bekommen hat ..."

Die Philosophen denken nach über das Wesen Gottes, wie Gott *ist* – aber Gott offenbart sich als derjenige, der etwas *tut*. Der französische Mathematiker Blaise Pascal sprach das an. Er berichtete von seinem Bekehrungserlebnis. Sein Zeugnis begann mit dem Anruf Gottes, mit folgenden Worten: „Gott Abrahams, Gott Isaaks, Gott Jakobs, nicht der [Gott der] Philosophen und Gelehrten."

In den 10 Geboten heißt es, dass wir uns von Gott kein Bild machen sollen. Und zwar deshalb, weil wir Gott – der Geist ist – nicht auf ein bestimmtes Aussehen festlegen dürfen. Wir haben Vorstellungen von Gott, und vermutlich ist es für den Christen gar nicht möglich, so ganz ohne irgendwelche Vorstellungen von Gott zu leben. Aber alle Vorstellungen, die wir haben, sind nur Annäherungen.

Wenn Jesus sagte: „Wer mich gesehen hat, hat den Vater gesehen", dann meint er kaum sein äußeres Aussehen, sondern das, was er *tut*. Wer *Jesus* am Wirken gesehen hat, der hat *Gott* am Wirken gesehen.

Schauen wir auf Gott!, heißt also: Schauen wir auf das, was Gott getan hat!

Denken wir daran, wie er, Gott der Vater, die Welt geschaffen hat, wie er Baupläne für die Lebewesen entworfen hat (Baupläne, die bis ins Kleinste durchorganisiert sind); schauen wir auf Gott, den Sohn, auf Jesus, der auf unsere Ebene herabkam, wie er Kranken half, wie er nicht einmal vor Aussätzigen Angst hatte, sondern sie berührte und heilte, und wie er sogar für seine Mör-

der betete; und schauen wir auch auf Gottes Geist, der in unserem eigenen Leben wirkt, denken wir an Wunder, die wir erlebten, an Bewahrung, vor allem auch daran, wie es uns geschenkt wurde, Gott kennenzulernen. All das kann uns groß vor Augen stehen, wenn wir ins Gebet gehen.

Wir wollen Gott am Wirken sehen. Davon lesen wir viel in der Bibel. Aber manches haben wir doch auch schon selbst erlebt, in unserem eigenen Leben? So etwas selbst Erlebtes, ein Ereignis, bei dem klar ist, dass Gott eingegriffen hat, berührt uns ja noch unmittelbarer.

Habt ihr es auch erlebt, dass ihr so eine Hilfe bald vergessen habt? Zufällig, irgendwann einmal, fällt es einem dann wieder einmal ein … Aber es ist doch schade, wenn so etwas in Vergessenheit gerät. Denn ein Wunder sollte auch ein *Zeichen* sein – ein Zeichen, das auf etwas verweist.

Wie ging es den Zeitgenossen Jesu? Wie reagierten sie auf Wunder? Einmal schickte Jesus zehn Aussätzige (Lukas 17,11ff) zu den Priestern. Unterwegs wurden sie geheilt, und nur ein einziger von den zehn kam zurück und dankte Jesus … Ich nehme an, dass für Jesus nicht der Dank das Wichtige war, sondern dass das Wunder als „Zeichen" genommen wird. Der dankbare Geheilte zeigt durch sein Zu-Jesus-Kommen, dass er verstanden hat, dass das Geschehene kein Zufall war. Daher hebt Jesus auch dessen *Glauben* hervor („dein Glaube hat dich gerettet") – der dankbare Geheilte erfasst das Wunder als Zeichen, das auf Jesus hinweist. Somit gewann er Glauben an Jesus.

Was will mir Gott durch ein Wunder zeigen? Vielleicht das: wenn ich noch andere, gravierendere Probleme habe: Gott kennt sich aus.

Das Wunder als Zeichen. Will Gott mir damit Mut machen und sagen: „Franz, erinnere dich doch! Ein kleines, aber deutliches Wunder. Denke daran, wenn du betest!"

Oder, Gott will mir durch so ein Wunder seine Fürsorge zeigen. Wenn ich wieder krank werde, und Gott nicht eingreift, dann kann ich mich zumindest daran erinnern, dass ich Gottes Fürsorge erlebt habe – und ich kann vertrauen, dass Gott weiß, warum er dieses Mal noch nicht eingegriffen hat.

Das Wunder als Zeichen. *Denke daran, wenn du betest.*

Wenn ich es so angehe, dann habe ich zuerst die Ermutigung. Und, solcherart ermutigt durch den Blick auf das frühere Wirken

Gottes, wende ich mich dann dem Problem zu. Also, simpel ausgedrückt: *zuerst Ermutigung holen, dann dem Problem zuwenden!*

Dass wir es nicht vergessen sollen, was Gott uns „Gutes getan hat", dazu werden wir auch in einem Psalm aufgefordert, im *Psalm 103*:

„*Vergiss nicht, was er dir Gutes getan hat!*".

Dieser Psalm wurde zu einem bekannten Kirchenlied:
„Lobe den Herrn meine Seele, und seinen heiligen Namen; was er dir Gutes getan hat, Seele vergiss es nicht. Amen!"

Vergiss nicht, was Gott getan hat. Denn das zeigt dir: Gott kann viel tun.

Vergiss nicht, was Gott getan hat: Das zeigt dir auch: Gott kümmert sich um dich.

Vergiss nicht, was er dir Gutes getan hat.

www.ingramcontent.com/pod-product-compliance
Lightning Source LLC
Chambersburg PA
CBHW071828020426
42331CB00007B/1646